Angola: Processos Políticos da Luta pela Independência

Angola: Processos Políticos da Luta pela Independência

2ª Edição Ampliada

Maria do Carmo Medina

2011

ALMEDINA

ANGOLA: PROCESSOS POLÍTICOS DA LUTA PELA INDEPENDÊNCIA

AUTORA
MARIA DO CARMO MEDINA

EDITOR
EDIÇÕES ALMEDINA, S.A.
Rua Fernandes Tomás, nºs 76, 78, 80
3000-167 Coimbra
Tel.: 239 851 904 · Fax: 239 851 901
www.almedina.net · editora@almedina.net

DESIGN DE CAPA
FBA.

PRÉ-IMPRESSÃO, IMPRESSÃO E ACABAMENTO
G.C. – GRÁFICA DE COIMBRA, LDA.
Palheira Assafarge, 3001-453 Coimbra
producao@graficadecoimbra.pt
Novembro, 2011

DEPÓSITO LEGAL
336949/11

ALMEDINA | GRUPOALMEDINA

BIBLIOTECA NACIONAL DE PORTUGAL – CATALOGAÇÃO NA PUBLICAÇÃO
MEDINA, Maria do Carmo
Angola : processos políticos da luta pela independência
ISBN 978-972-40-4627-3
CDU 343.31/.34
343.41/.43
325.4/.8
94(673)

À memória de

Joaquim de Figueiredo,
Fernando Pascoal da Costa,
Sebastião Gaspar Domingos,
Ilídio Machado,
Higino Aires,
António Marques Monteiro,
António Jacinto
e Aristófanes Couto Cabral

Que me confiaram o honroso encargo de os defender
do "crime" de lutarem pela Independência da sua Pátria

Ao Paulo, Marta, Sofia, André e Tiago

Para que compreendam melhor os acontecimentos
que mudaram o curso da minha vida.

NOTA INTRODUTÓRIA

Em maio de 2001 a Associação Cultural e Recreativa Chá de Caxinde, com sede em Luanda, endereçou-nos um convite que constituiu para nós um tremendo desafio: realizar uma palestra sobre o histórico «Processo dos 50». Tratava-se na verdade duma oportunidade para nós inédita e ao aceitarmos, num primeiro impulso, essa honrosa tarefa não antevimos todo o subsequente desenrolar de inúmeras questões que se iriam erguer do passado, reclamando um tratamento adequado à sua dimensão.

O primeiro trabalho, o de apresentar a palestra a que demos o título «A TRAMA LEGAL CONTRA A LUTA PELA INDEPENDÊNCIA» já nos obrigou a um regresso ao passado não muito longínquo, de pouco mais de 40 anos, mas mesmo assim sepultado em pastas de arquivo amarelecidas e incompletas e a termos que ir buscar velhos códigos roídos pelas gulosas salalés, felizmente atirados para a situação de pestilentas relíquias por terem sido revogados, e que se foram desfazendo ao serem folheados.

Como tivéssemos então apontado a urgente necessidade de se levar a cabo uma reconstituição de todo esse património que afinal pertence a todo o povo angolano, e lembrássemos que as principais fontes de arquivo tinham sido levadas para fora de Angola, fomos como diremos, enredadas no nosso próprio desafio, sendo-nos entregue a missão de prosseguir esse trabalho.

Ao Professor Fernando Oliveira, Director da Faculdade de Direito da Universidade Agostinho Neto, com a sua visão de impulsionador da cultura jurídica angolana, devemos esta honrosa tarefa de proceder em

Portugal ao estudo complementar de algumas questões suscitadas nessa nossa primeira intervenção.

Cabe aqui esclarecer que as pesquisas que efectuámos se circunscreveram a dois locais, ao Instituto dos Arquivos Nacionais/Torre do Tombo e ao 1º Tribunal Militar Territorial de Lisboa, situado num vetusto edifício no Largo de Santa Clara, naquela mesma cidade e onde se encontram arquivados os processos que foram remetidos do Tribunal Militar Territorial de Angola. A vastidão do material encontrado reiterou em nós a certeza de que ele exorbitava a tarefa que nos fora confiada. Formámos a convicção de que a natureza da documentação a analisar e a sua relevância para uma mais abrangente compreensão da história recente de Angola, impõe que seja constituída uma equipa com especialistas capacitados e sobretudo isentos, que vá recolhendo todo esse manancial. Acrescentamos que deixámos de lado a pesquisa a fazer nos arquivos do extinto Ministério do Ultramar que forçosamente complementará o outro lado do triângulo que compunha o sistema colonial de repressão.

No âmbito do trabalho que realizámos, cumpre-nos realçar que pudemos contar com toda a boa vontade dos responsáveis dos arquivos a que nos deslocámos, onde nos foi facilitado o acesso à documentação solicitada e onde fomos acolhidas com toda a disponibilidade e gentileza. O Doutor António Garção, na Sala de Referência da Torre do Tombo, foi um valioso cicerone para a navegação difícil e intricada no labirinto que constituem as pastas e pastas de milhares de papéis gerados no ventre macabro da Pide-DGS.

O Sr. Carlos Dias, Secretário do 1º Tribunal Militar Territorial de Lisboa superiormente autorizado, facilitou-nos a consulta dos volumosos processos com mais de 4 décadas de existência!

Confessamos desde já, que todo esse percurso pelo passado nos suscitou uma enorme emoção porque só quem viveu esses tempos de grande sofrimento mas também de gloriosa luta, pode vislumbrar tudo o que estava para lá desses simples papéis. Compulsámo-los pois com um respeito como que sagrado, e sempre tendo como referência que eles mais não eram do que «o outro lado do espelho», espelho aliás profundamente deformado do que nós sabíamos ser a realidade.

Circunscrevemos sobretudo este nosso trabalho aos primeiros processos políticos que a polícia política fascista desencadeou na sua primeira aparição a descoberto, iniciada em março de 1959, ainda que por dever de consciência para com todos os milhares e milhares de angolanos que caíram nas garras da repressão feroz que se lhe seguiu, procurássemos trazer a lume alguns dados posteriores a esses acontecimentos históricos. É nesse âmbito que nos parece haver as maiores lacunas no estudo da investigação histórica angolana pelo que se apela aos nossos historiadores e sociólogos para que vão em frente para a execução dum trabalho abrangente e denso de reconstituição dos factos. Se alguns dos elementos por nós recolhidos puderem servir de pistas para essa tarefa já nos daremos por satisfeitas.

Procurámos introduzir a experiência por nós vivida na análise dos factos, na qualidade de testemunha directa ou indirecta, de muitos dos acontecimentos que descrevemos. Na verdade ao demarcar os pontos que íamos abordar, pareceu-nos fundamental adiantar que essa experiência foi por nós vivida e em parte também vivamente comparticipada, pois sem embargo de não termos sido de forma alguma os agentes directos desses feitos históricos nem mártires dessa repressão, fomos sem dúvida, testemunha privilegiada desses acontecimentos e no vendaval que se desencadeou, acabámos por ser profundamente influenciadas por eles.

Essa influência foi tão profunda, acrescentamos, que até a nossa vida pessoal acabou por ser arrastada na poderosa corrente e se integrou na luta de libertação do povo angolano que, embora fosse anterior como fenómeno subterrâneo, nos era desconhecida e apareceu então em 1959 revelada aos olhos de todos nós.

Retomar a memória dessas vivências passadas foi, é certo, um processo doloroso por ter levado a evocar momentos de grande angústia e permanente temor mas também por precisarmos fazer o exorcismo dos demónios que ensombravam essa época, criando uma atmosfera de opressão difícil de descrever.

Daí que a abordagem feita neste nosso trabalho se revista do reconhecimento das nossas próprias limitações e conscientes de que procuraremos, com humildade, recriar tão somente uma parte do todo, deixando de parte abarcar os acontecimentos na sua magnitude e em especial nas suas vertentes histórica e política.

No fundo, o que pretendemos é desenterrar do fundo do lodo da história e trazer à superfície, todo o sistema legal que então vigorava e que fazia funcionar a máquina repressiva, matéria que poderá ser melhor compreendida pelo jurista e que talvez só tenha um interesse meramente escatológico para um terceiro observador. Acrescentámos porém o relato de factos de que tivemos conhecimento directo, porque entendemos ser de interesse que para a memória desses acontecimentos eles fiquem devidamente registados.

E isto porque o jurídico e o narrativo se imbricam um no outro, e na enumeração despretensiosa desses factos procuramos lançar as pontas a serem retomadas para aqueles que venham a mergulhar numa investigação mais profunda e completa.

Procurámos evidenciar como foi criada pelo estado ditatorial e fascista a cobertura legal concedida à Pide, como ela atuava como força toda-poderosa, intimidando tudo e todos, como as demais estruturas judiciais e administrativas vinham solícitas colaborar ou pelo menos não criar problemas, na grande maioria das vezes em que eram chamadas a intervir.

O que nos parece da maior relevância em todo o processo é a articulação concertada e permanente entre as cúpulas do regime fascista o governo central por via do ministro do ultramar, o governo da colónia por via do governador geral e seus secretários gerais e provinciais, e a todo poderosa polícia política.

A reposição dos campos de concentração, pelo governo fascista português que aparentemente os tinha extinto em 1945, para onde milhares e milhares de angolanos, homens e mulheres, foram cumprindo longas penas de prisão, constitui um marco histórico de horror, que então não mereceu o repúdio dos seus aliados, mas sim o protesto no seio das Nações Unidas dos países socialistas e dos países do dito terceiro mundo.

BREVE INTRODUÇÃO HISTÓRICA

MARIA DA CONCEIÇÃO NETO*

Algumas palavras prévias

O longo e tempestuoso processo que culminou com a proclamação da independência de Angola, a 11 de novembro de 1975, continua a suscitar interesse e polémica. Discursos paralelos, por vezes contraditórios, tentam passar para a memória coletiva dos Angolanos de hoje o que terá sido "a verdadeira história" dessa luta. Não se trata apenas de uma desinteressada busca da verdade, pois é bem sabido que em todas as sociedades a transmissão e (re)elaboração da memória social têm papel importante na definição e controlo do poder.

E não é por acaso que no nosso país se recorre ainda, passadas várias décadas, ao inegável capital político derivado da participação activa na luta de libertação nacional para estabelecer legitimidades, direitos, reconhecimento social ou, então, para desacreditar eventuais adversários.

O conhecimento da História, porém, mais do que servir para legitimar ou contestar poderes, deveria ser um precioso instrumento de análise do presente, este presente que interpela o passado procurando explicações e até (diz-se com otimismo) ensinamentos.

Embora pouco se aprenda com os erros dos outros, hoje como ontem, é legítimo supor que um melhor conhecimento do passado ajude a perceber a realidade atual e a conceber um futuro menos sombrio.

* Professora na Universidade Agostinho Neto e investigadora no Arquivo Histórico Nacional.

Falar do passado não é um exclusivo dos historiadores, muito menos em matérias tão recentes como a luta pela independência de Angola, mas o trabalho do historiador deve distinguir-se de outros tipos de discurso. Apoiado em métodos adequados à exploração e análise das fontes, tem de procurar compreender o que se passou mais do que julgar os protagonistas dos acontecimentos; perceber como e porquê foram feitas as escolhas desses personagens mais do que rotular os "verdadeiros nacionalistas" e os "traidores"; encontrar os sentidos dos movimentos sociais ou das violentas explosões coletivas, mais do que adjetivá-los como "irracionais", "bárbaros" ou "gloriosos". Essa abordagem do historiador não pretende substituir-se aos juízos de valor que cada um depois fará, seguindo os seus próprios princípios e critérios, mas visa favorecer uma melhor compreensão das sociedades atuais a partir do conhecimento, tão realista quanto possível, do seu passado. Isto não impede que, como qualquer pessoa, também o historiador faça uma leitura valorativa dos factos que estuda.

Indiscutivelmente, o conjunto de acontecimentos expostos neste livro tem um interesse muito especial para qualquer angolano. Os homens e mulheres cujas ações obrigaram o regime colonial a expor o seu caráter repressivo e de marcada ilegalidade, podiam ter preferido, como tantos outros, a tranquilidade, a passividade, o silêncio, a subserviência. Escolheram a denúncia e subversão da injusta ordem colonial, a rutura com tradições conformistas, o incitamento à luta pela independência e, por isso, perderam a liberdade e hipotecaram o futuro das suas famílias, numa época em que falar de Angola independente soava a miragem ou utopia. Anónimos uns, nomes bem conhecidos outros, eles e elas merecem que a História lhes faça alguma justiça.

O livro da professora e jurista Maria do Carmo Medina, revelando procedimentos jurídicos e administrativos com que o sistema opressor colonial reagiu ao desafio dos colonizados, vem colocar-se como fonte indispensável para a história de Angola. Beneficiando da experiência profissional e pessoal da autora, desmonta a teia de artifícios legais, cumplicidades e omissões que permitiram, durante anos, roubar liberdades e direitos a tantos Angolanos pelo simples facto de defenderem ideias independentistas.

De imediato, este livro abre pistas para novas investigações e vem trazer um valioso complemento analítico e documental aos testemunhos daquela geração de presos políticos popularmente identificada como "Processo dos 50" e, não menos importante, dos muitos outros (milhares!) que encheram os campos prisionais, constituindo motivação maior para prosseguir a recolha de depoimentos dos atores ainda vivos desses acontecimentos.

Felizmente esse trabalho já começou, quer com iniciativas individuais de alguns investigadores, quer com trabalhos jornalísticos de maior ou menor amplitude e, a partir de 2002, com a recolha mais sistemática de depoimentos e entrevistas no âmbito da Secção de Arquivo Oral do Arquivo Histórico Nacional. Mas muito está por fazer e o tempo urge.

Considerou a Drª Maria do Carmo Medina que para um melhor enquadramento dos factos por ela expostos seria útil descrever, ainda que muito resumidamente, o contexto económico, social e político da década que antecedeu 1961, ano decisivo na história de Angola.

O texto que se segue procura satisfazer esse objetivo, sem a pretensão de oferecer uma análise exaustiva nem de fazer um levantamento de todas as questões que o estudo deste período histórico poderá suscitar.

Angola na década 1950-1960
Uma maioria marginalizada

Por pouco elaborada que seja, a análise do contexto económico e social da época ganhará nitidez se partirmos da base demográfica: quem era e como se repartia a população de Angola?

Em 1950 o censo populacional indicou 4 145 266 habitantes, dos quais 4 036 687 negros, 78 826 brancos e 29 648 mestiços. Dos negros, 30 089 eram classificados como "civilizados" (ou "assimilados"), e nos mestiços esse número era de 26 335, o que perfazia 56 424. Os restantes eram "indígenas", categoria jurídica cujo significado e implicações analisaremos mais adiante.

O Censo de 1960[1] registou 4 830 449 habitantes, sendo 4 604 362 negros, 172 529 brancos e 53 392 mestiços (e 166 "outros"). A grande diferença no número de brancos corresponde ao crescendo da imigração portuguesa nesta década, mas o "salto" no número de mestiços terá ori-

[1] Direção dos Serviços de Economia e Estatística Geral, 3º Recenseamento Geral da População – 1960, Luanda, Repartição de Estatística Geral, vols. I-IV, 1964-67.

gem sobretudo na diferença de critérios de classificação "racial", aliás sempre duvidosos.

A "mistura de raças", antes oficialmente considerada um "mal inevitável" e pouco honroso, em 1960 aparecia valorizada como argumento contra os detratores do colonialismo português. Quanto ao estatuto legal, os ditos "civilizados" (vulgo "assimilados") somavam menos de 100 000 no total de negros e mestiços.

Na classificação etnolinguística, apesar de podermos colocar reservas aos critérios utilizados, verifica-se que os de língua Umbundu (38,1%) e os de língua Kimbundu (23,1%) representavam em conjunto cerca de 61% da população angolana "indígena"; somados aos Bakongo (13,6%), eram perto de 75%.

Mais do que o peso quantitativo destes grupos, importa realçar o facto de terem sido cristianizados em maior escala do que outros, a partir sobretudo de finais do século dezanove.

Daí decorreu a emergência de elites letradas ligadas aos Seminários católicos e às Missões, nomeadamente às missões protestantes (Congregacionais, Metodistas e Baptistas, respetivamente), o que teve consequências também na história política angolana, como aliás se poderá ver pela identificação dos envolvidos nos processos políticos de que trata este livro.

É justo considerá-las elites relativamente ao conjunto da população dita "indígena", o que não obsta a que se encontrassem nos estratos sociais inferiores da sociedade colonial, vista no seu todo. Os Protestantes desenvolviam maior atividade nos meios rurais, mas no caso dos Metodistas a influência no eixo Luanda-Malanje explica o protagonismo de crentes da "Missão Americana" (assim conhecida em Luanda) nos acontecimentos que ocorrerão na capital, a par dos Católicos, sendo que estes se estendiam pelo país e tinham clara supremacia numérica em todas as cidades.

Os dados de 1960 confirmam o predomínio do Cristianismo em Angola, mas também grandes diferenças regionais na sua implantação: no conjunto da população residente, 68% afirmavam-se cristãos (51% católicos e 17% protestantes), porém no Huambo e no Uíje ultrapassavam os 95% (Huambo: 69% de católicos, 27% de protestantes, Uíje: 49% de católicos e 49% de protestantes), enquanto no Bié eram 74 %, no Kwanza-Sul e em Malanje não chegavam a 50% e noutros locais ainda menos.

No interior dos "distritos", grandes variações acompanhavam a maior ou menor influência urbana e dos centros missionários.

Lembremos que, no panorama religioso da colónia na época, salvo raras exceções, os que não eram cristãos seguiam as conceções religiosas ancestrais.

A população repartia-se de forma muito desigual no território (menos do que se passa hoje, apesar de tudo), sendo o Huambo o distrito mais populoso, com 597 332 habitantes, enquanto Luanda (Luanda e Bengo atuais) tinham 346 763 habitantes, a maioria dos quais concentrados na capital.

Grandes extensões de Angola eram subpovoadas em relação às suas potencialidades económicas: entre o máximo no Huambo (19,5 hab./ /Km2) e o mínimo no Kwando Kubango (0,59 hab./Km2), a média era inferior a 4 habitantes/Km2.

A distribuição do povoamento europeu é elucidativa: segundo o mesmo Censo, 30% dos brancos estavam na região de Luanda, um pouco mais de 40% espalhavam-se por Benguela, Huambo, Huíla e Namibe e os outros 30% cobriam irregularmente o resto. Como ao povoamento branco estavam associados, nessa altura, os maiores índices de urbanização, o desenvolvimento comercial, as poucas indústrias transformadoras existentes, o melhor acesso a serviços de saúde, a escolaridade acima do nível primário etc., compreende-se a relação entre esses dados e os notórios desequilíbrios regionais no que dizia respeito a infraestruturas económicas e oportunidades de acesso a serviços.

Em 1960 Angola continuava a ser um país eminentemente rural. No entanto, para uma colónia onde em 1940 apenas 5,4% da população fora dada como "urbana", os 11% de 1960 (cerca de meio milhão de pessoas) representavam uma progressão que, apesar de mais lenta que noutras colónias africanas, não se pode menosprezar.

O Censo retrata a pequena dimensão das cidades e vilas de Angola: considerados "aglomerados urbanos" os que tinham mais de dois mil habitantes, contavam-se apenas 29 (vinte e nove!), dezanove dos quais com menos de 10 000 habitantes. Somente dezasseis dos centros urbanos eram "cidades", onde se concentrava 84% da população urbana de Angola.

À exceção de Luanda (perto de 225 000 habitantes) apenas o Lobito e o Huambo (Nova Lisboa) ultrapassavam os 30 000 habitantes, sendo o

Lobito a segunda cidade de Angola, com mais de 50 000 habitantes – a atividade portuária era a grande responsável por esse facto e a maioria da sua população era recente, originária do centro do país.

A industrialização do planalto central nos últimos anos coloniais, por sua vez, levará a cidade do Huambo a ultrapassar o Lobito no Censo de 1970.

Os "distritos" de Luanda, Benguela, Huambo, Bié e Kwanza-Sul apresentavam, em termos absolutos, maior volume de população urbana, sobressaindo a importância do eixo Benguela-Bié, mais densamente povoado e favorecido pelo Caminho de Ferro de Benguela.

Mas quanto à percentagem de urbanos no total de habitantes, as zonas servidas pelos portos de Luanda, Lobito e Namibe e respectivas linhas férreas prevaleciam claramente sobre o interior e o resto da faixa litoral: o "distrito" de Luanda tinha 65% da sua população em zona "urbana", o de Moçâmedes (Namibe) tinha 32%, no de Benguela eram 19%.

Todos os outros apresentavam menos de 10% de "urbanos": Cabinda 8%, Kwanza-Norte 7%, Kwanza-Sul 7% e percentagens ainda menores no resto do país.

Luanda era, à escala angolana, a "grande cidade", onde vivia quase metade da população urbana de Angola. Em vinte anos, registara um crescimento de 268%, passando de cerca de 61 000 habitantes em 1940 para quase 142 000 em 1950 e perto de 225 000 em 1960.

Mas foi também um crescimento peculiar: de 1950 a 1960 a população negra passou de cerca de 111 000 para cerca de 155 000 e a população de mestiços pouco se alterou, mas a população branca passou para mais do dobro: de 14,6% dos citadinos em 1950 (20 730 pessoas) ela cresceu para 24,7% do total (55 567) em 1960, reflexo direto da corrente migratória de Portugal para a colónia na década 1950-1960.

Para comparar, refira-se que em Léopoldville/Kinshasa, com quase o dobro dos habitantes, os cerca de 30 000 brancos não ultrapassavam 7,5% da população do aglomerado urbano.

O aumento substancial de europeus em Luanda veio agravar as clivagens raciais na vida da cidade, reduzindo ainda mais os espaços de convivência plurirracial (com efeitos visíveis nas escolas, igrejas, casas de espectáculos, clubes desportivos...) e deslocando para a periferia muitas famílias negras e mestiças (e não apenas as mais pobres), através de decisões administrativas ou pela especulação financeira com os terrenos e consequente subida das rendas de casa.

Na população luandense, dos que eram naturais de Angola (80% do total) mais de metade viera de outros pontos do país e grande parte destes residia na cidade há poucos anos. Entre os "indígenas" residentes, no ano de 1960 apenas 20% não eram originários de áreas de língua Kimbundu (situação que não se vai manter nas décadas seguintes). Isto será relevante para as ligações entre Luanda e outras regiões, tanto na difusão de ideias como na busca de refúgio face à repressão.[2]

Por essa época, na colónia belga que recebia importantes fluxos migratórios de Angola, a cidade de Léopoldville (Kinshasa) tinha já 400 000 habitantes, dos quais eram originários do norte de Angola (maioritariamente Bakongo) cerca de 60 000, ou seja, mais do que toda a população do Lobito...

Estatísticas oficiais de 1957 sobre a "mão-de-obra indígena" no conjunto de Léopoldville mencionavam 20,8% dessa população como "angolanos".[3] Isto ajuda-nos a compreender a importância das comunidades angolanas fixadas em Léopoldville (Kinshasa), bem como nas cidades portuárias do Congo/Kinshasa (Matadi, nomeadamente) e do Congo/Brazzaville (Ponta Negra), com comunicações facilitadas com os portos angolanos.

Não pode surpreender-nos a evidência de correspondência e de contactos pessoais múltiplos nos anos 50, cruzando fronteiras, bem como o papel decisivo que jogaram os emigrados, os refugiados e os residentes temporários nos vizinhos Congos, em diferentes momentos do processo de luta pela independência do país.

Aliás, a emigração angolana não atravessava apenas a fronteira norte. Do centro, do leste e do sul partia-se para o Sudoeste Africano (Namíbia), a África do Sul, a área mineira do "copperbelt" da Rodésia do Norte (Zâmbia) e também terras do Congo mas, neste caso, o destino

[2] Estudo sociológico fundamental sobre Luanda na década de 50 é o de Christine MESSIANT (1989) "Luanda (1945-1961): Colonisés, société coloniale et engagement nationaliste" in «Vilas» et «cidades» – Bourgs et villes en Afrique lusophone, Michel Cahen (dir.), Paris, L'Harmattan, pp. 125-199.

[3] Charles Didier GONDOLA (1996), Villes miroirs. Migrations et identités urbaines à Kinshasa et Brazzaville, 1930-1970, Paris, L'Harmattan, p. 298.

era sobretudo o Katanga (Shaba), cujo crescimento industrial e urbano era muito superior ao de Angola.

No final dos anos 50, mesmo os cálculos mais modestos indicam cerca de 250 000 angolanos fora das fronteiras de Angola, temporariamente ou não.

Esses fluxos e refluxos populacionais e o seu impacto em diferentes sectores da sociedade angolana, rural e urbana, continuam por estudar.

Depreende-se dos parágrafos anteriores que a importância das cidades e vilas e das novas formas de diferenciação e de mobilidade social que nelas possam ter tido lugar não derivam, no caso angolano, do peso numérico da população citadina, nem de qualquer grande dinamismo económico até 1960, mas da importância qualitativa das experiências urbanas, dentro e fora do país, mais antigas ou mais recentes, conforme os casos.

Como veremos mais adiante, Angola não conhecera um crescimento industrial que originasse um grande proletariado urbano e a população citadina não branca distribuía-se maioritariamente entre o que poderíamos classificar de pequena-burguesia e de semi-proletariado, com nítida predominância do setor de serviços.

Como exemplo da diversidade de profissões e ocupações urbanas, podemos referir tipógrafos, mecânicos, serralheiros e outros operários e artesãos especializados, funcionários dos escalões mais baixos ou intermédios (os escalões superiores estavam vedados a negros e mestiços desde 1929), pescadores, peixeiras, empregados comerciais, enfermeiros, trabalhadores da marinha mercante e dos caminhos-de-ferro, professores, catequistas, motoristas, alfaiates, quitandeiras, estivadores, criados, serventes da construção civil, vendedores ambulantes, lavadeiras etc.

Era nos espaços urbanos que mais facilmente conviviam pessoas de origens diferentes, se cruzavam informações, culturas e influências ideológicas variadas, se criavam novos hábitos e também novas expetativas de ascensão social que, bloqueadas pelo domínio colonial de uma minoria, se exprimiam cada vez mais em reivindicações independentistas.

A consciência de uma identidade coletiva própria, oposta ao domínio português e projetando-se numa nação à escala do país, ou seja, a génese e a formulação do moderno nacionalismo angolano tiveram início em meios urbanos.

Mas, sem dúvida, o vaivém de informações e de ideias entre diferentes espaços sociais "rurais" e "urbanos" era assegurado por uma densa rede de relações, através dos laços familiares, das migrações por razões laborais, das igrejas ou da circulação de certos grupos profissionais como, por exemplo, os enfermeiros ou os ferroviários.

Um aspeto crucial para compreender a sociedade de então era o baixíssimo nível de instrução que, naturalmente, reduzia o alcance da literatura, da informação e da propaganda escritas.

A carência de oportunidades escolares, mesmo básicas e técnico-profissionais, era um dos grandes factores de ressentimento contra o domínio português, recorrente no enunciado de queixas dos nativos, que não se coibiam de apontar o contraste com a colónia belga.

É fácil resumir a situação:[4] em 1958 Angola tinha 96,97% de analfabetos (diz o Anuário Estatístico do Ultramar), percentagem escandalosa mesmo na África colonizada.

Quanto ao ensino básico, em 1959 havia ao todo 17 167 alunos no ensino primário oficial, 10 324 no ensino primário das Missões católicas e 65 652 alunos no "ensino de adaptação" dessas Missões.

Desde os anos vinte que o regime colonial separara a instrução dos "indígenas" da dos "civilizados" e, na mesma lógica, em 1950 regulamentou a "Instrução Rudimentar" dos indígenas, que passou a "Ensino de adaptação" após 1956: significava três anos de escola antes de poder entrar no ensino primário propriamente dito, o que raros conseguiam. A instrução dos "indígenas" competia às Missões Católicas, pelo Estatuto Missionário (1941) decorrente da Concordata entre Portugal e o Vaticano (1940). Outros que o ministrassem, como no caso das Missões protestantes, com alguns milhares de alunos, faziam-no como ensino particular.

O conjunto do ensino secundário na colónia, em 1959, não ultrapassava 3 523 alunos.

Quanto ao ensino superior, foi inexistente até 1963.

[4] Para questões de educação e imprensa, ver o estudo de Eduardo Sousa FERREIRA realizado para a UNESCO em 1973: O fim de uma era – o colonialismo português em África, Lisboa, Sá da Costa, 1977.

No ano letivo de 1960-61, eram 119 234 (2,4% da população) os inscritos em todo o ensino em Angola, incluindo o de "adaptação", o primário, o secundário e médio, o da formação de professores, enfermeiros etc. Como termo de comparação, em 1972-73 esse número estava perto de 600 000 (mais de 10% da população) e a explosão escolar após a Independência elevou para dois milhões em 1983-84 o número de angolanos a estudar (antes de entrarmos na fase de regressão do acesso à escola que ainda caracteriza tristemente a situação atual).

Uma economia estrangulada

É consensual falar-se em estrangulamento e impasse na economia de Angola no início da década de cinquenta, sem nítidas melhorias nos anos imediatos. A situação só mudará significativamente na década seguinte, com a política colonial portuguesa a infletir finalmente em direções que estimulavam o crescimento económico da colónia, a par da mobilização militar e das alterações na legislação, para travar o avanço da luta de libertação nacional.

Não obstante, os anos cinquenta testemunharam um certo investimento nas infra-estruturas de comunicações e transportes e alguma expansão na construção civil, acompanhando o aumento da imigração branca, que tendia a ampliar o mercado local e a diversificar as atividades económicas, muitas vezes em desfavor de negros e mestiços que viam reduzidas as suas oportunidades de trabalho pela concorrência dos recém-chegados.

A situação de estagnação económica decorria das próprias características da exploração colonial, agravadas neste caso pela fraqueza económica da metrópole (que explica, aliás, a diversidade de clientes e de fornecedores da economia angolana). Escasseavam capitais para investir, a poupança local quase não existia, a pobreza das populações não dinamizava o mercado, faltavam equipamentos, faltavam técnicos e pessoal qualificado. Estes também não abundavam em Portugal e os que ali se formavam não tinham razões para emigrar para uma Angola distante e considerada insalubre, terra de degredo até pouco tempo atrás.

Cerca de 40% dos brancos residentes em Angola em 1950 nunca tinham frequentado a escola e outros 40% não tinham passado além da

4ª classe.[5] Para os Portugueses radicados na colónia o comércio continuava a ser a atividade principal, do import-export ao pequeno comércio urbano e rural, muito disseminado, onde a sua presença explica a quase inexistência de estabelecimentos comerciais de Angolanos.

Nas condições de baixo nível tecnológico, o trabalho quase gratuito mantinha-se como motor principal da economia, deslocando quantitativos importantes de trabalhadores para as plantações, minas e pescarias, ou mesmo para serviços municipais. A escassez e falta de qualificação da mão-de-obra disponível eram assim "compensadas" pela sobre-exploração das comunidades rurais, quer dos que partiam quer dos que ficavam, nomeadamente as mulheres, sobre quem recaíam tarefas mais pesadas e maiores responsabilidades. A legislação laboral (desde o "Regulamento do Trabalho dos Indígenas das Colónias" de 1899) permitia amplo recurso ao trabalho forçado dos colonizados, fosse "compelido" e "correccional", fosse "em obras de interesse público" (incluindo mulheres e crianças), fosse pelo "contrato" ou recrutamento dos homens através dos chefes das aldeias, muitas vezes com a conivência ou intervenção (ilegal, diga-se) da autoridade administrativa.

Em meados da década de cinquenta, as indústrias de Angola que absorviam mais força de trabalho eram, de longe, a exploração mineira e a produção açucareira, vindo a seguir a pesca e derivados e começando a ganhar vulto a exploração de madeiras em Cabinda e no Moxico.

A legislação protecionista do Estado Novo, versão moderna do "pacto colonial", aplicava as regras do "condicionamento industrial" (decreto 26 509 de 1936), que só aceitava nas colónias as indústrias indispensáveis, que não fizessem concorrência à metrópole.

Nesse quadro, a industrialização de Angola reduzia-se a atividades extrativas (com destaque para os diamantes) e uma débil indústria transformadora, dependendo de Portugal e de outros países para a maior parte dos produtos manufaturados.

Até 1940, a produção local respondia apenas pelos derivados de peixe, açúcar, álcool e sabão.

Porém a II Guerra Mundial impôs sérias dificuldades às importações e foram surgindo indústrias do ramo alimentar, mobiliário, cerâmica,

[5] Cf. Gerald BENDER (1976), Angola sob o domínio português – mito e realidade, Lisboa, Livraria Sá da Costa Ed., p. 323, usando dados do Censo populacional de 1950.

curtumes, tintas e vernizes. Inclusivamente, foi autorizada a primeira fábrica de cerveja (a Cuca, em 1946), contrariando a anterior proibição de fabrico de bebidas alcoólicas para proteger os vinhos portugueses.

As exportações de Angola assentavam tradicionalmente no setor agrícola (milho, café, algodão, óleo de palma, sisal) e nos diamantes. O café tornou-se o mais valioso desses produtos, ultrapassando o milho em 1942 e os diamantes em 1946, mantendo-se imbatível à cabeça das exportações angolanas até 1973, quando o petróleo passou para o primeiro lugar (nos anos cinquenta, a exploração petrolífera apenas começara, com a belga Petrofina).

A alta de preços do café depois de 1945 veio a ter consequências dramáticas no noroeste de Angola, onde a pressão da imigração europeia e os abusos na obtenção de terras criaram graves tensões sociais e raciais, dramaticamente reveladas em 1961.

A expansão da cafeicultura foi também responsável pela intensificação de recrutamento de mão-de-obra nas terras do centro de Angola.

Um mundo rural sob pressão

Face ao que já apontámos – a reduzida população urbana, o limitado recurso a modernos meios de produção, o recrutamento compulsivo de força de trabalho e o expressivo valor dos produtos agrícolas nas exportações de Angola – não é difícil concluir sobre quem recaía o maior peso da exploração colonial.

As pressões sobre as sociedades rurais angolanas atingiram limites dificilmente suportáveis na década de cinquenta. Isso ficou patente na revolta nas terras algodoeiras da Baixa de Kasanje e no eclodir da guerra em Março de 1961 no noroeste cafeicultor, obrigando o regime colonial a, depois duma fase de violenta repressão, efetuar mudanças importantes em relação aos camponeses angolanos.

Os fatores de revolta podem ser aqui indicados de modo sumário:

- a violência da exploração da força de trabalho, incluindo o amplo recurso a mulheres e crianças em serviços sem remuneração nas “obras públicas” locais, a par do forçado angariamento de trabalhadores sob um formal “contrato” cujo salário na época mal servia para cobrir as despesas básicas, encontrando-se o contratado muitas vezes já endividado quando regressava à terra;

- o "imposto indígena" anual pago em dinheiro, como meio de forçar a população rural a entrar na economia monetária, com os seus bens ou a sua força de trabalho, além de outros "impostos" aplicados à revelia da lei por autoridades pouco escrupulosas;
- as culturas obrigatórias, de que o algodão se tornou o exemplo maior, provocando fome e emigração na zona de Malanje, onde a Cotonang tinha a concessão comercial da produção algodoeira;
- as expropriações legais e ilegais de terras de cultivo ou de pasto, em benefício de colonos ou de empresas;
- os abusos quotidianos cometidos por funcionários administrativos e seus auxiliares (castigos corporais, ofensas morais graves) ou por comerciantes que roubavam impunemente, fosse nos pesos e valores das mercadorias, fosse a coberto do crédito e do empréstimo que facilmente degeneravam na apropriação das terras e do gado dos camponeses.

Nos meados do século vinte, as opções para escapar à situação eram sobretudo a emigração e a deslocação para outras áreas do país. Apenas um pequeno número podia aspirar a melhorar de vida através da escolaridade e da aprendizagem de um ofício remunerador, de funções ligadas às Missões (catequistas, pastores) ou como auxiliares da própria Administração.

No entanto, não se pode falar do mundo rural angolano como um universo social homogéneo, do ponto de vista histórico e sociológico, muito pelo contrário. À Angola rural tanto pertenciam zonas integradas na colónia há séculos (o caso do "corredor" Luanda-Pungo Andongo, ou de Benguela) como zonas do extremo sul ou do extremo leste cuja ocupação colonial durava há pouco mais de trinta anos, ou ainda aquelas onde uma presença europeia mais antiga não tivera continuidade nos séculos dezoito e dezanove (o caso do antigo Kongo).

A verdade é que a maior parte da população angolana conhecia a dominação portuguesa apenas há duas gerações. Como é fácil de perceber, das disparidade no tempo de colonização e no tipo de contactos com os Europeus tinham resultado situações muito variadas, fosse nas práticas agrícolas e comerciais, no vestuário, na religião, na língua, na música...

Diferentes culturas e formas de organização preexistentes e a maior ou menor duração da ocupação colonial não eram os únicos fatores de diferenciação das populações rurais nos meados do século vinte. A influência das Missões cristãs foi fundamental, pelo que significou de alterações mais ou menos profundas na vida familiar, na organização comunitária, na escolaridade e formação profissional, nos comportamentos e expetativas individuais, nas redes de contactos inter-regionais e até internacionais.

Como acima foi referido, os dados estatísticos evidenciam uma grande disparidade dessa influência, de umas regiões para outras.

Quanto à ligação dos camponeses angolanos ao mercado, a situação era extremamente desigual: o comércio de permuta só lentamente cedeu perante a economia monetária, mas a agricultura e a coleta realizadas em função das solicitações do mercado tinham tradição antiga em muitos povos de Angola – o café, as oleaginosas, a cera, a borracha...

Com a ocupação colonial, é certo que praticamente toda a atividade comercial passou para a mão dos Portugueses e as caravanas de carregadores cederam lugar ao comboio e aos camionistas.

Porém, a produção agrícola consumida no mercado interno ou destinada à exportação continuou em larga medida dependente da economia familiar africana, ela própria sofrendo maiores ou menores transformações. Camponeses alheados do mercado (e dos seus efeitos) corresponderiam a uma fracção mínima da população angolana. Nos anos cinquenta, apesar da relativa estagnação económica, a rede comercial continuava a estender-se por zonas bem distantes dos centros urbanos.

Assim, quando se procura compreender as reacções camponesas à pressão colonial, ou saber como terá sido interpretado no mundo rural (onde obviamente não há apenas camponeses) o que se passava na capital, há que ter em conta a diversidade de experiências históricas, de estruturas e hierarquias sociais, de relações com os agentes da colonização e de maior ou menor contacto com o exterior, entre outros fatores.

Um regime fascista, uma política colonial obsoleta

Até 1959, quando a repressão política se abateu sobre muitas dezenas de pessoas em Angola, parecia que, ao contrário de outras colónias africanas, pouco aqui se sentiam os efeitos políticos da vitória dos Aliados em 1945. O regime português escapara, devido à "neutralidade" na guerra, de ser arrastado na queda do fascismo e do nazismo, apesar de só em 1955 ter sido admitido na ONU.

Em 1951 Marcello Caetano (então professor de Direito) definira os "princípios fundamentais da moderna colonização portuguesa", insistindo na necessidade da "diferenciação administrativa" (desigualdade perante a lei, portanto) enquanto uma lenta "assimilação cultural" não transformasse todos os habitantes das colónias em "portugueses civilizados".

No entanto, a revisão constitucional de 1951 seguiu um modelo dito de "integração", para contornar a exigência internacional de autodeterminação dos povos colonizados. Foi assim que, em 1953, a "Lei Orgânica do Ultramar Português" veio substituir a "Carta Orgânica do Império Colonial", passando as colónias a "Províncias", num país que se proclamava uno e indivisível do Minho a Timor, apesar das fronteiras aduaneiras entre as colónias e a metrópole, apesar de não haver unidade de moeda, apesar da distinção jurídica entre "cidadãos" e "indígenas".

O peso do regime de indigenato na sociedade angolana justifica as vezes que já foi mencionado. Lembremos, rapidamente, o que significava.

Desde os finais do século dezanove até à segunda guerra mundial, a ideologia colonial das potências que colonizaram a África traduziu-se em leis que permitiam tratar a maioria da população das colónias africanas de modo distinto e sem os direitos de que gozavam os cidadãos desses países.

A especificidade portuguesa não residiu na criação de um "Estatuto dos indígenas" para Angola, Moçambique e Guiné, mas no facto de ter arrastado essa situação até 1961, quando as outras potências colonizadoras já tinham recuado na legislação discriminatória e, inclusive, estavam em curso os processos de independência.

Em 1926 o "Estatuto Político, Civil e Criminal dos Indígenas de Angola e Moçambique" (extensivo à Guiné no ano seguinte), reorganizara e ampliara leis anteriores referentes aos "indivíduos de raça negra ou dela descendentes que, pela sua ilustração e costumes não se distingam do comum daquela raça".

Ele foi sendo "aperfeiçoado" até à sua última formulação como "Estatuto dos Indígenas Portugueses das Províncias da Guiné, Angola e Moçambique" (Decreto-Lei 39 666 de 1954) que mantinha a população dividida em duas categorias perante a lei: cidadãos e "indígenas".

Era invocado o respeito pelas tradições africanas, ou o interesse numa "lenta e progressiva" assimilação à cultura portuguesa, mas a diferenciação legal era sobretudo um meio de restringir a ascensão social da maioria esmagadora da população, mantendo-a afastada de direitos básicos face à minoria dita "civilizada" (os europeus, grande parte dos mestiços e uma minoria de negros). O regime de indigenato consagrava de jure a discriminação racial nas colónias, já que qualquer branco (independentemente dos rendimentos, modo de vida ou comportamento social) era considerado "civilizado", com Bilhete de Identidade de cidadão português, enquanto os negros e mestiços só mediante certas condições comprovadas (escolaridade, recursos económicos, bom comportamento, domínio da língua portuguesa, abandono dos costumes africanos) podiam requerer a mesma cidadania.

Nos anos 50, era cada vez mais difícil a um negro obter o "alvará de cidadania" e trocar a Caderneta Indígena pelo Bilhete de Identidade. Além do mais, este estatuto de cidadão era reversível, podendo ser retirado em função do "mau comportamento" do seu detentor.

Em 1950, menos de 1% da população negra de Angola estava oficialmente na categoria de "civilizada" ou "assimilada" (em Luanda, porém, essa percentagem rondava os 10%) e em 1960, como foi dito, eram menos de 100 000 os "civilizados" não brancos. Na prática, era muito maior o número daqueles que tinham um modo de vida fortemente influenciado pelos padrões europeus, fossem "assimilados antigos" descendentes de famílias há muito integradas no espaço colonial, a quem a perda de influência económica e social e as exigências da lei haviam remetido para o "indigenato", fossem os numerosos "novos assimilados" cujo contato com a cultura de origem europeia se dera mais recentemente, nas vilas e cidades ou através das Missões cristãs.

Tanto para uns como para outros era evidente o caráter discriminatório da lei que os privava dos direitos de cidadania e lhes travava qualquer progresso social.

A legislação específica para os "indígenas" atingia os mais variados aspetos: o regime de trabalho, impostos específicos, o serviço militar (apenas nas tropas auxiliares), direitos de propriedade restringidos, impossibilidade de obter a carta de condução ou de aceder ao ensino secundário, etc. Com todas as suas implicações sociais e psicológicas, este quadro legal promovia, como não poderia deixar de ser, cisões e desconfianças entre os próprios colonizados.

Como se isto fosse pouco, "cidadãos" e "indígenas" das colónias portuguesas viviam, como em Portugal, sob severas restrições às liberdades sindicais, associativas e de imprensa, quando comparados com os habitantes das colónias francesas e britânicas da época. Os partidos políticos (exceto a salazarista União Nacional) eram proibidos. Obras literárias consideradas "subversivas" eram banidas e posições públicas contra o regime eram punidas.

Na própria metrópole, poucas vozes questionavam abertamente o futuro do império. As prisões arbitrárias e a tortura faziam parte da vivência política dos Portugueses e dos povos por eles colonizados e em Angola, sob a censura vigente, raros se atreviam a expressar pontos de vista contrários aos da política oficial (situação diferente da do final do século XIX, quando a liberdade de imprensa permitira o florescimento do jornalismo angolano).

Em contraste com a situação real vivida nas suas colónias, Portugal tentava passar para o exterior a imagem de uma colonização "branda", comprovada pela "ausência" de manifestações públicas anti-coloniais e oportunamente reforçada com os argumentos do sociólogo brasileiro Gilberto Freyre sobre a adaptação dos Portugueses aos trópicos.

Um passeio pelas colónias portuguesas, promovido e organizado ao pormenor pelas autoridades coloniais, resultou na extensão das teses do "Lusotropicalismo" à presença portuguesa em África: "A marca das terras descobertas e colonizadas pelo Português é esta: não são terras violadas ou conquistadas à força bruta, mas docemente assimiladas..." discursou Freyre em 1952, despedindo-se após quinze dias em Angola, manifestamente ignorante da história da colonização e das relações sociais predominantes.[6]

Nos anos seguintes, o colonialismo português fez amplo uso dessas teses para recusar debater a independência das colónias (internamente ou nas Nações Unidas) e tratar qualquer manifestação independentista como injustificada subversão, crime de lesa-pátria e "agitação vinda do exterior".

A simples suspeita de opiniões favoráveis à independência de Angola podia levar à prisão – como amplamente se demonstra no presente livro.

[6] In A Voz de Angola. Número especial dedicado à visita do escritor luso-brasileiro Gilberto Freyre a Angola. Luanda, Direção dos Serviços de Economia – Secção de Publicidade, nº 101-102, janeiro de 1952, pp. 60-63.

Novos ventos na vida política angolana

Se é verdade que a política colonial portuguesa seguia como dantes, apesar da grande viragem no discurso oficial, não é menos verdadeiro que nos anos cinquenta muitas coisas estavam a mudar na sociedade angolana.

Fatores económicos e políticos internos conjugavam-se com algum conhecimento do que se passava além-fronteiras, especialmente noutros países de África, mas também nas capitais europeias, tornando mais radical a contestação ao domínio português, se bem que a ditadura impedisse qualquer manifestação ou debate público sobre o assunto.

Começavam a ser ultrapassadas as posições reformistas que se limitavam a reivindicar mais direitos para negros e mestiços sem questionarem a integração no império português. Exemplos disso são as contradições no interior da Liga Nacional Africana e da Anangola.[7]

Como é sabido, a atividade cultural substituía-se em parte às proibidas atividades políticas. São mais ou menos bem conhecidos nomes e iniciativas, que não cabe aqui enumerar mas que podemos referir genericamente.

Logo no início da década, o Departamento Cultural da Anangola começou a publicação da revista Mensagem, de vida breve. A partir de 1957 foi na "Sociedade Cultural de Angola", reanimada por portugueses opositores do regime e por intelectuais e estudantes angolanos, que se abriu espaço para a atividade cultural e literária, com a reeditação da "Cultura", revista de arte, ciência e literatura.

A maioria do grupo foi parar à prisão em 1959, facto revelador dos laços estreitos entre a atividade cultural e a política.

No capítulo de publicações, porém, embora com menos pretensões literárias, as mais persistentes foram O Estandarte da Igreja Metodista e a revista Angola da Liga Nacional Africana, onde alguns dos articulistas não poucas vezes faziam passar mensagens, mais ou menos camufladas, de crítica à colonização portuguesa.

Difundir por escrito afirmações e reivindicações mais ousadas só era possível em panfletos impressos clandestinamente ou textos labo-

[7] Para documentar estas contradições, veja-se por exemplo Lúcio LARA (1997) Um amplo movimento... Itinerário do MPLA através de documentos e anotações de Lúcio Lara, vol. I, Luanda, Edição Lúcio e Ruth LARA e também Mário de ANDRADE (1997) Uma entrevista dada a Michel Laban, Lisboa, Edições João Sá da Costa.

riosamente copiados. Mas não esqueçamos outras vias próprias da sociedade pouco letrada de então: as leituras bíblicas que permitiam, nas comunidades cristãs, comparações e reflexões críticas sobre a situação; a poesia, o teatro e a música que podiam ultrapassar a barreira do analfabetismo ou da falta de hábitos de leitura, veiculando a crítica social e reforçando o sentimento anti-colonial.

Daí a importância de conjuntos musicais, agrupamentos teatrais, associações recreativas em geral, clubes de futebol, etc. Ainda hoje são citados grupos associativos como o "Bota-Fogo" do final dos anos 50, que organizava festas e debates, ou o "Espalha Brasas" que terá sido animado por um grupo de enfermeiros, antes de também serem presos.

De qualquer forma, em Angola vivia-se num ambiente que exigia secretismo, sem debates abertos, onde as desconfianças surgiam facilmente. As discussões políticas restringiam-se a grupos de amigos, parentes e colegas em quem se confiava. É importante ter isto em mente ao considerar as manifestas dificuldades de organização e, por vezes, a circulação de informações contraditórias entre diversos grupos de pessoas, assim como as alterações nos nomes e composição dos grupos.

Como têm testemunhado muitos dos mais empenhados nacionalistas da época, era usual alguém estar envolvido em mais do que um grupo e nem sempre se conheciam exatamente as ligações de cada grupo a terceiros.[8]

A efervescência política aumentou em 1958, com dois factos diferentes mas ambos importantes para Angola: a campanha eleitoral para a presidência da República portuguesa (junho) e o anúncio da 1ª Conferência Pan-Africana a realizar em dezembro em Accra, no Ghana.

A mobilização para aquelas eleições, muito restrita (os indígenas estavam excluídos) e sob apertada vigilância policial, ainda assim abriu espaço para contactos e debates políticos que habitualmente não ocorriam na sociedade angolana e terá favorecido a criação de agrupamentos políticos, mesmo se alguns consideravam que tais eleições não lhes

[8] De diversos testemunhos da vida política da época, além dos anteriormente citados, vejam-se: Michel LABAN (1991), Angola – Encontro com escritores, Porto, Edição da Fundação Engº António de Almeida, 2 vols.; Adriano João SEBASTIÃO (1993) Dos campos de algodão aos dias de hoje, Luanda, ed. do autor; Drumond JAIME e Helder BARBER (2000) Angola: Depoimentos para a História recente, s/l, Edição dos autores; Manuel Pedro PACAVIRA (2003) O 4 de fevereiro pelos próprios, Luanda, Editorial Nzila.

diziam respeito. A Sociedade Cultural de Angola participou ativamente, inclusive num comício de apoio ao general Humberto Delgado, na Ilha de Luanda.

O segundo acontecimento passava-se num país de recente independência, o Ghana, símbolo de esperança para toda a África negra. Mobilizaram-se alguns angolanos, no interior e no exterior, para tentar fazer conhecer a posição dos colonizados das colónias portuguesas nesse primeiro grande fórum africano.

Por influência do "American Committee on Africa", provavelmente, um convite foi enviado para Barros Nekaka e Eduardo Pinock, líderes da "União dos Povos do Norte de Angola" (depois "União dos Povos de Angola" – UPA), em Léopoldville, que designaram Holden Roberto para ir à Conferência. O facto contribuiu para projectar internacionalmente a UPA como representante do movimento anticolonial de Angola.

Na década aqui analisada, entre as associações de base etno-regional dos emigrados angolanos no Congo "Belga", é de destacar também a ASSOMIZO (Associação Mutualista dos Originários do Zombo) dinamizada por Tocoístas e Baptistas em Léopoldville, que deu lugar à ALIAZO (Aliança dos Originários do Zombo), ambas presididas por André Massaki e Emanuel Kunzika.

No meio da crescente politização no Congo e após o início da guerra em Angola, a ALIAZO evoluirá para "Partido Democrático Angolano" e irá juntar-se à UPA na criação da FNLA (Frente Nacional de Libertação de Angola), em março de 1962. Uma associação sindical dos trabalhadores angolanos emigrados, a UNTA (União Nacional dos Trabalhadores Angolanos) vai ligar-se ao MPLA.

A respeito do papel desempenhado por Angolanos no exterior, nomeadamente na divulgação das realidades coloniais e na denúncia da repressão, outros grupos merecem destaque especial.

Os estudantes angolanos em Portugal não eram muitos, mas alguns deles, que viriam a ter parte ativa na luta de libertação, ali se iniciaram na vida política, fosse nas atividades da Casa dos Estudantes do Império, fosse em ligação com movimentos políticos portugueses.

Como se sabe, Agostinho Neto teve em Portugal o seu primeiro confronto com a repressão, quando em 1952 foi preso, pela primeira vez, por participação em atividades do MUD Juvenil.

Em 1955, estudantes e trabalhadores dos navios de longo curso criaram em Lisboa um "Clube Marítimo Africano" cujos membros prestaram não poucos serviços à causa nacionalista.

À medida que o ano de 1960 se aproximava, com as independências africanas no horizonte e o regime português recusando qualquer diálogo sobre o futuro das colónias, crescia o número dos que pensavam que só pelas armas poderiam obter a independência.

Alguns dos que se tinham exilado na Europa, fugindo de Portugal, preparavam o regresso a África, na previsão do desencadear da luta armada, e procuravam a todo o custo restabelecer laços com os que, no interior ou em territórios vizinhos, se organizavam no mesmo sentido.

Um grupo do MPLA encontrará asilo na Guiné Conakry e dará origem ao primeiro Comité Director no exterior, em Julho de 1960 (Mário de Andrade, Viriato da Cruz, Lúcio Lara, Eduardo dos Santos, Hugo de Menezes, Matias Miguéis e Luís de Azevedo Jr.).

Os nomes de Agostinho Neto e Ilídio Machado lideravam um "Presidium de honra" que incluía dezasseis outros presos políticos. De facto, Agostinho Neto regressara a Luanda e tentara, no primeiro semestre de 1960, com todo o seu prestígio político, congregar e coordenar grupos e pessoas sobreviventes da grande vaga de prisões de 1959, para organizar o MPLA e um Comité Director no interior. Como é sabido – e é matéria tratada no presente livro – nova onda de prisões arrastou para as cadeias Agostinho Neto, Joaquim Pinto de Andrade e muitos dos seus companheiros.

Nos quinze anos seguintes, os Angolanos vão presenciar e viver mudanças de grande amplitude no domínio militar e político, económico e social, dentro e fora do país, configurando uma realidade bastante diferente, cuja análise ultrapassa os objectivos desta simples introdução, que se detém em 1960.

Para concluir, partindo do que está publicado sobre a história política de Angola na década de 1950-1960,[9] podem fazer-se algumas afirmações.

[9] As obras clássicas de referência são John MARCUM (1969), The Angolan Revolution. Vol.I: The Anatomy of an Explosion (1950-1962), Massachusetts, MIT Press, 380 p. e René PÉLISSIER (1978) La colonie du Minotaure. Nationalismes et révoltes en Angola (1926-1961), Orgeval, Pélissier, 727 p. Há outras obras e também teses não publicadas, mas destaco quatro livros mais recentes e acessíveis: Carlos PACHECO (1997) MPLA, um nascimento polémico (as falsificações da História), Lisboa, Veja, 201 p.; F. James GRENFELL (1998) História da Igreja

No evoluir do nacionalismo angolano revelam-se diferentes formas organizativas, perspetivas de luta e conceções políticas, com maior ou menor influência do pan-africanismo, do marxismo, do anti-colonialismo dos Estados Unidos, ou simplesmente estimuladas pelas independências asiáticas e africanas (e a Conferência de Bandung em 1955), que confirmavam o declínio do domínio da Europa no mundo.

A variedade ideológica está patente nos panfletos, na documentação apreendida pela polícia e até na expressão literária que deu voz ao nacionalismo. Tais diferenças ressaltavam ainda mais no exterior, onde os Angolanos se podiam exprimir e organizar com maior liberdade.

Em Angola, os adeptos da independência sabiam que contavam com ventos favoráveis e aliados noutros países, fosse pelas suas relações com o Congo "belga" e o Congo "francês", fosse através de tripulações dos navios de longo curso, fosse pelos portugueses da oposição democrática (comunistas ou não) residentes na colónia.

As relações com o exterior, porém, eram problemáticas, a correspondência era vigiada e os enviados para reforçar os contactos nem sempre chegavam ao destino, outras vezes caíam presos no regresso.

No interior do país, as pessoas que melhor podiam difundir as ideias independentistas, a coberto da atividade profissional (funcionários, enfermeiros, professores primários, ferroviários, tipógrafos etc.) eram também os mais "suspeitos" e particularmente visados pela polícia política.

Sobre este pano de fundo, vários agrupamentos políticos se formam, se cruzam, de desfazem e se recompõem, sendo difícil estabelecer a sua trajetória e atividades, quase sempre clandestinas.

Novas siglas não significam necessariamente grupos estruturados ou ações concretas, sendo frequentes, nos documentos e testemunhos recolhidos, contradições sobre a origem, composição e objetivos dos grupos. A multiplicidade de organizações políticas referidas antes e durante as prisões de 1959 (PCA, PLUAA, UPA, MIA ou MLA, FPLA,

Baptista em Angola 1879-1975, Queluz (Portugal), Baptist Missionary Society, 323 p.; Marcelo BITTENCOURT (1999) Dos jornais às armas – Trajetórias da contestação angolana, Lisboa, Vega, 229 p.; Jean-Michel Mabeko TALI (2001) Dissidências e Poder de Estado. O MPLA perante si próprio (1962-1977) – ensaio de História Política, Luanda, Editorial Nzila, 1º vol.: 1962-1974, 473 p. Está prestes a ser publicado (Luanda, Editorial Kilombelombe) um livro de Edmundo ROCHA sobre o nacionalismo angolano, com volumosa documentação anexa.

MINA, MLN, MLNA, ELA...) é difícil de destrinçar, mas testemunha uma oposição viva ao domínio colonial, mesmo se a repressão política e a infiltração policial minavam o crescimento e coordenação dos grupos.

O que se confirma, a meu ver, é a génese múltipla do nacionalismo angolano e os muitos afluentes que desaguam nas duas principais formações políticas que, na década seguinte, desafiarão militarmente o colonialismo português: o MPLA e a FNLA (saindo desta, como se sabe, a maioria do grupo que fundará a UNITA em 1966).

O que fica confirmado, afinal, é a variedade de caminhos percorridos pelos Angolanos na sua luta pela independência nacional.

Luanda, março de 2003

Capítulo I
A Trama Legal

1. Colonialismo com estrutura fascista

Os factos que vamos procurar trazer à luz do dia iniciaram-se na década de 50 do século XX e deles foram protagonistas os cabouqueiros da luta pela Independência, factos que a voragem do tempo empurrará inexoravelmente para longe da memória do povo angolano caindo no esquecimento, se nós não procurarmos enquanto é tempo, fixá-los e denunciá-los.

Eles representam afinal, o valioso contributo que foi dado por todos aqueles que heróica e humildemente consentiram sacrifícios sobre-humanos, perdendo a sua liberdade, a saúde, a carreira pessoal, a vida familiar e muitas vezes a própria vida.

Muito embora tivéssemos tido o privilégio de participar nos acontecimentos vividos em Angola, a voragem do tempo vai-nos distanciando dessa vivência, esbatendo alguns contornos que gostaríamos de poder reavivar. Acresce que ao tempo não dispúnhamos dos meios tecnológicos do presente para arquivo das ocorrências, e os arquivos eram a maior parte das vezes constituídos por papéis avidamente procurados pela Pide e que por isso mesmo nós próprios destruíamos ou levávamos para longe, quando não eram enterrados por baixo da terra.

Daí que a recolha de testemunhos, a análise de documentos, o estudo do enquadramento sócio-político, económico e também jurídico da época, feito de forma abrangente ou parcelar, se vai tornando duma urgência cada vez maior.

Sem dúvida que a riqueza do passado histórico relativo ao período de luta que precedeu a Independência de Angola, com o contributo de todos aqueles que construíram os alicerces da jovem nação, surge-nos com aspetos muito próprios que a diferenciam da grande maioria dos outros países africanos que foram ascendendo à independência.

Aliás a diferença advinha dos regimes políticos que vigoravam nas diferentes potências colonizadoras, porquanto se na Inglaterra, França e Bélgica havia regimes em que vigorava o tipo de democracia ocidental posterior à II Guerra Mundial, em Portugal o regime fascista manteve-se, mesmo depois de 1945.

Nos primeiros anos da implantação da ditadura, na década de 30, no apogeu do nazismo e fascismo, foram tomadas em Portugal medidas drásticas de repressão com as quais se procurou esmagar tudo o que representasse as forças democráticas do país. Sem pudor foram tomadas medidas de exceção brutais contra as forças da oposição. E estas medidas surgem às claras no texto dos novos diplomas (quase sempre decretos) que foram então publicados, em que não era preciso esconder qual era o inimigo a abater.

Essas medidas concretizaram-se na extinção dos partidos políticos, no encerramento de sindicatos e associações, na prisão e desterro em massa de oposicionistas ao regime, na criação da polícia política, tudo a coberto do manto duma feroz censura.

Mas quando se deu a vitória das forças democráticas sobre o nazismo, vitória que tantas esperanças trouxera para todos nós, a ditadura manteve-se com o apoio das potências que apoiavam a chamada guerra-fria.[1] Houve então que proceder a uma superficial alteração das estruturas repressivas, com mudanças meramente cosméticas, sendo que a tenebrosa PVDE passou a denominar-se PIDE, os tribunais especiais passaram a chamar-se Plenários e foi encerrado o denominado "campo da morte", o campo de concentração do Tarrafal em Cabo Verde.

[1] Armando Castro, O Sistema Colonial Português em África (meados do Século XX) Lisboa, Caminho, 2ª ed. 1980, «O Pacto do Atlântico reforça ao mesmo tempo o domínio político e económico devido à militarização das economias dos países membros, subordinados aos interesses do capital norte-americano.... Sempre neste quadro estratégico, as colónias portuguesas, sobretudo Angola e Moçambique são chamadas a desempenhar um papel crescente nos planos da NATO de preparação para a guerra» – páginas. 44 e 45.

Mas há que sublinhar que na sua estratégia de repressão e que visava o esmagamento da luta pela Independência em Angola, o fascismo deixou cair a máscara e foi deitar mão precisamente aos mesmos meios que já tinham sido usados na década de 30: diplomas de desterro e fixação de residência, tribunais militares e campos de concentração.

2. O quadro «legal»

A Constituição da República Portuguesa de 1933 tinha criado um órgão legislativo para a feitura das leis, que por infeliz coincidência se denominava Assembleia Nacional. Mas essa mesma constituição previa no artº 91º nº 13º, que ao abrigo de «autorizações legislativas» fossem publicados decretos com força de lei, os decretos-leis.

Já deixando de lado a forma como essa constituição foi imposta, e voltando-nos tão-somente para a apreciação do aparelho «legal», verificamos que eram os decretos-leis que iam trazendo toda a implantação da estrutura do fascismo. Aliás não era por acaso que este regime teve a apoiá-lo um pelotão de licenciados em direito que procuravam burilar os textos dos diplomas, fazendo disposições muitas vezes eivadas de nobres princípios a que acrescentavam parágrafos únicos prevendo exceções que os esvaziavam de conteúdo, mas que para um leitor mais desprevenido pareciam vigorar como regra geral a acatar.

O governo de que dimanavam todos esses diplomas era constituído por ministros nomeados e demitidos pelo chefe do governo cuja vontade ditatorial prevalecia, sem deixar de ter em conta que esses mesmos membros do governo o eram precisamente porque comungavam dos mesmos propósitos.

Mas se este era o quadro vivido em Portugal, o das colónias situava-se num patamar claramente inferior. Para que os diplomas da «Metrópole» fossem extensivos às colónias o processo era ainda mais expedito, bastava um ato legislativo do Ministro das Colónias que podia ser um simples decreto ou tão só constar duma portaria ministerial, artº 138º nº 2º. E o que a maior parte das vezes acontecia, era serem aplicados bocados de diplomas arrancados do seu contexto, tornando o sistema legal de cada colónia uma autêntica manta de retalhos.

A mencionada Constituição de 1933 já tinha permitido nesse seu artº 138º, que nos «territórios ultramarinos» vigorassem, quando necessário, os denominados «estatutos especiais». Convém lembrar que o primeiro estatuto especial denominado como «Estatuto Político, Civil e Criminal dos Indígenas» tinha sido aprovado pelo Decreto 12 599, em 23 de Outubro de 1926, logo após o golpe militar que instaurou a ditadura em Portugal.

Entretanto para preparar a admissão de Portugal na Organização das Nações Unidas, as colónias passaram a denominar-se «Províncias Ultramarinas» após a publicação da Lei Orgânica do Ultramar, a Lei nº 2 066 de 27 de junho de 1954. E em maio desse ano fora publicado o Decreto-Lei nº 39 666 de 20 de maio que aprovou o «Estatuto dos Indígenas Portugueses da Guiné, Angola e Moçambique». Por este diploma eram relegados para a situação de indígenas «os indivíduos de raça negra ou seus descendentes que tivessem nascido ou vivido habitualmente nas colónias portuguesas do continente africano, Guiné, Angola e Moçambique».

Sem querer aprofundar muito o que era esse estatuto de indígena cremos que para o definir basta apontar o facto de a ele ser atribuído um estatuto de cidadão de 2ª classe a quem eram cerceados os mais elementares direitos de cidadania no campo político, económico e social, sem direito a dispor do seu direito de propriedade, sem direito de acesso às escolas públicas, e no campo da justiça sem direito de acesso aos tribunais, nem direito de constituir um advogado, e para além do mais, sujeitos a um regime de trabalho forçado que era arregimentado por meio do «contrato», instalado com caráter obrigatório pela máquina repressora do quadro administrativo colonial.

O trabalho do jurista na época não era nada fácil. Havia que navegar num labirinto de normas legais em que se entrecruzavam decretos-leis com decretos e portarias, códigos que só parcialmente eram postos em vigor, sobreposição de normas, etc. As leis e decretos da «Metrópole» eram mesmo assim considerados demasiado "bons" pelo que nunca vigoravam na íntegra nas colónias. Os decretos do Ministro do Ultramar tomavam por vezes a forma caricata de conterem disposições da mais diversa natureza numa amálgama que podia apanhar desprevenido o jurista menos atento, Chegou-se ao apuro de tornar extensivo a Angola parte dum decreto por via dum telegrama! Tal aconteceu com o diploma coevo da implantação da ditadura em Portugal, cuja vigência era mais que duvidosa e que 30 anos passados viria a ser copiosamente aplicado em Angola nas deportações em massa para os campos de concentração.

Para quem teve que lidar com esse emaranhado de diplomas ficou a convicção de que alem de arbitrário e ditatorial, o sistema era propositadamente confuso. Lidar com essa intrincada teia de decretos, tornava na verdade a atuação do jurista bastante difícil, pois muitas vezes eram invocados diplomas cuja vigência vinha de décadas atrás e outras vezes eram inopinadamente postos em vigor nas colónias retalhos de diplomas que vinham da «metrópole» e que de surpresa e, como dissemos, muitas vezes misturados com disposições diversas eram tornados extensivos em Angola por diplomas do Ministro da pasta colonial.

Pode acrescentar-se que não eram só os advogados que se «perdiam» nesse labirinto pois basta ver os despachos contraditórios dos tribunais e os múltiplos pareceres que iam sendo produzidos, para ver quanta confusão reinava.

Cabe-nos agora passar a enumerar os diplomas mais relevantes que foram instrumentalizar a máquina repressiva e embora não se vá fazer deles uma descrição exaustiva, pretendemos tornar visível como foi urdida a trama legal que foi lançada sobre os patriotas angolanos, por via da qual se procurou tolher a luta pela Independência em Angola.

3. O Crime, a Pena e as Medidas de Segurança

O Título II do Livro I do Código Penal referia-se aos Crimes contra a Segurança do Estado e o Capítulo I mais especificamente aos que previam os crimes contra a Segurança Exterior do Estado. Encabeçava este capítulo o famigerado artº 141º com a redacção que lhe tinha sido dada pelo Decreto-Lei nº 32 832 de 7 de junho de 1943 e que anteriormente se referia ao crime de «tomar armas contra a pátria sob a bandeira duma nação estrangeira inimiga» e numa linguagem muito mais sofisticada e ardilosa do que a anterior, passou a punir de forma pluriabrangente qualquer acção tendente ao desmembramento do império colonial. A partir de 1943 a sua redacção passou a ser a seguinte: «Será condenado na pena do nº 1 do artº 55º, todo o português que: 1º – Intentar, por qualquer meio violento ou fraudulento, ou com auxílio do estrangeiro, separar da mãe-Pátria ou entregar a país estrangeiro, todo ou parte do território português...».

Ora a pena do mencionado artº 55º do Código Penal, com a redacção dada pelo Decreto-Lei nº 39 688 de 5 de junho de 1954, era precisamente a que encabeçava o rol das penas ou por outras palavras, a mais grave de todas, e a ela correspondia a pena de prisão maior fixa de 20 a 24 anos.

Pelo desenrolar dos processos podemos verificar que no enquadramento do crime imputado aos patriotas submetidos a julgamento nem sempre houve uniformidade de critérios pois algumas vezes eles eram acusados pelo crime dito de «separatismo», outras vezes numa perspectiva mais favorável, eram invocados os artigos 172º e 173º fazendo-se uso do conceito de conjuração e conspiração para a perpetração dos crimes contra segurança exterior do Estado, muito embora fosse tipificada a conduta como integrando a prática de meros actos preparatórios, o que fazia baixar consideravelmente a pena. Nesse caso aos dirigentes era aplicada a pena que ia de 8 a 12 anos de prisão maior fixa e aos demais a pena de 2 a 8 anos de prisão maior variável.

Cumulativamente como penas acessórias estava estabelecido na lei penal que fossem aplicadas as penas de suspensão de direitos políticos e a perda de qualquer emprego ou função pública.

Mas como o poder político fascista duvidava da capacidade dos tribunais para reprimir e sufocar as forças que se lhe opunham, a partir de 1950, mais precisamente pelo Decreto-Lei nº 37 447 de 13 de junho de 1949 que foi tornado extensivo às colónias com alterações pelo Decreto nº 37 732 de 13 de janeiro de 1950, foi prevista a aplicação de medidas de segurança aos processos em que fossem os réus condenados por atividades subversivas.

Entretanto foi publicado o Decreto-Lei nº 40 550 de 12 de março de 1956, relativo às medidas de segurança e que só foi tornado extensivo ao «Ultramar» em 17 de setembro de 1959 pela Portaria Ministerial nº 17 355, precisamente e, por "coincidência", quando estavam para ser remetidos pela Pide aos Tribunais, os primeiros processos políticos angolanos.

Essa Portaria nº 17 355 constituiu um amontoado de disposições que alteraram o Código Penal e o Código do Processo Penal e mandou aplicar o Decreto-Lei nº 40 550 quanto aos seus artigos 1º a 6º inclusive e ao artigo 12º e excluindo dessa aplicação extensiva os artigos 7º a 10º daquele Decreto-Lei nº 40 550 que eram relativos à prorrogação das medidas de segurança.

As medidas de segurança podiam ser aplicadas a título provisório durante a instrução do processo, mas eram de aplicação obrigatória no caso de condenação definitiva por crime contra a segurança interna ou externa do Estado, de acordo com o artº 175 §2º do Código Penal, quando fosse de recear a perpetração de novas infrações. As medidas de segurança visavam «os que continuassem a revelar-se perigosos e que tivessem exercido atividade subversiva que tivesse por fim a prática de crimes contra a segurança do Estado». A proposta de aplicação das medidas de segurança era da competência da Pide. Aliás findas as medidas de segurança de internamento que eram por outras palavras a prorrogação pura e simples da pena de prisão, o preso que saísse das grades ficava ainda sujeito por períodos que podiam ir de 2 a 5 anos ao regime de «liberdade condicional» que comportava sérias restrições à vida pessoal do preso, como a escolha do local de residência, convivência pessoal, mas sobretudo impondo o pesado ónus da apresentação obrigatória à autoridade policial, que neste caso era igualmente a Pide.

A liberdade condicional podia ainda ser prorrogada sempre que o condenado «não merecesse confiança» por sucessivos períodos de 2 anos, até ao total de 10 anos.

Segundo podemos verificar o mecanismo instalado nessa matéria funcionava da seguinte maneira: a Pide dava a informação sobre a «perigosidade» do preso político, por sua vez o diretor do campo de concentração «interrogava o preso» para avaliar o seu grau de arrependimento, o processo de aplicação de medidas de segurança ia então para o Tribunal de Execução de Penas criados nas colónias pelo artº 1º do Decreto 42 383 de 13 de julho de 1959 com a proposta sobre a prorrogação ou não da medida de segurança, proposta essa que se esperava fosse acatada «ipsis verbis».

O processo complementar de segurança que era da competência do Tribunal de Execução de Penas segundo o Decreto nº 34 553 de 30 de abril de 1945, previa que o juiz, se assim o entendesse necessário, procedesse à audiência do arguido mas isso em regra não acontecia, ficando-se o tribunal pelas informações trazidas pelos órgãos policiais e diretor do campo. Aconteceu que no processo de medidas de segurança referente a Ilídio Machado, o director do campo do Tarrafal, que era à data Hélder Lima Santos, tinha proposto que ao preso fosse fixado o período de liberdade condicional por 5 anos. Mas o Juiz do Tribunal de Sotavento, José Gabriel da Silva Mariano cometeu a heresia de fixar o prazo em 2 anos, o que indignou a Pide e o diretor do campo, vindo este logo pedir a devida retificação.

Aos condenados e suspeitos era ainda imposto o regime de liberdade vigiada que em abono da verdade, era aplicado pelo regime a todo o ser nele vivente.

4. A Pide

Importa agora ver quando esse mesmo regime julgou oportuno tornar extensivo ao «ultramar» a sua famigerada polícia política. Foi o Decreto-Lei nº 39 749 de 9 de agosto de 1954, que foi publicado em Angola a 1 de setembro seguinte, que alargou a competência da Pide para «todo o território nacional incluindo as Províncias Ultramarinas». Por seu lado a Portaria Ministerial nº 15 001 de 23 de agosto de 1954 e só para execução desse Decreto-Lei nº 39 749 tornou extensivas ao "Ultramar" diversas normas de processo penal que foram retiradas de outros tantos decretos-leis apresentando-se mais uma vez como um verdadeiro labirinto legal.

Subsequentemente foram publicados os Decretos nº 40 541 de 27 de fevereiro de 1956 e o nº 41 240 de 23 de agosto de 1957 que vieram complementar a implantação da Pide nestes territórios.

Esta polícia política tinha os mais amplos poderes para a defesa do Estado contra tudo o que fosse considerado como «atividade subversiva», podendo na fase inicial do processo efetuar prisões, dirigir a instrução dos autos, pedir a prorrogação da prisão preventiva. A prisão preventiva era fixada no máximo de 3 meses, mas podia ser prorrogada sempre que se verificasse «a gravidade ou a multiplicidade dos factos criminosos» a «complexidade e caráter excecionalmente perigoso da organização criminosa», por dois períodos de 45 dias. Esta prorrogação estava dependente de despacho do Ministro do Ultramar, ou do Governador-Geral, por outras palavras, dum órgão integrado no aparelho colonial e não dependia da decisão de qualquer tribunal. Isto significava que quem fosse preso passava, em regra, 6 meses na situação de prisão preventiva.

Ora durante esse período de prisão preventiva o acusado era mantido incomunicável e não tinha direito à intervenção do advogado de defesa. Por sua vez o processo era considerado secreto e portanto o defensor ou outra pessoa com legitimidade, não o podia consultar.

Só depois do processo totalmente «instruído» e caso fosse remetido a tribunal, podiam ser juntas as procurações passadas aos advogados, para eles terem acesso à consulta dos autos.

Acresce que a prisão preventiva à época, só era descontada pela metade na pena definitiva.

E mais, nas inúmeras «penas» impostas por via administrativa de despachos de «fixação de residência» também não era contado o tempo de prisão preventiva.

A instalação efetiva da Pide em Angola terá tido lugar cerca do ano de 1956, mas o facto revestiu-se de todo o secretismo pelo que se torna difícil determinar com rigor esse momento. Basta porém dar uma vista de olhos aos Boletins Oficiais da época para nos apercebermos de que ela muito rapidamente se propagou de forma tentacular em toda a extensão do território, criando os seus postos e subdelegações em quase todas as cidades, sedes dos distritos que hoje constituem as Províncias, e chegando às mais longínquas e remotas povoações de Angola como Caripande, Ninda, Macolo, Massau, etc.

5. Os Tribunais

Os primeiros processos políticos instaurados pela Pide em Angola foram remetidos ao tribunal em fins de setembro de 1959, ou seja decorridos os 6 meses do prazo sobre as primeiras prisões. Os processos seguiram para o tribunal comum que era então composto pela 1ª, 2ª e 3ª Varas da Comarca de Luanda. Era lógico que uma vez extintos como tinham sido os tribunais especiais, os tenebrosos Tribunais Militares Especiais criados em Portugal no início da ditadura pelo Decreto-Lei nº 23 703 de 6 de novembro de 1933 que, como atrás referimos, tinham desaparecido em 1945, no fim da 2ª Guerra Mundial, se fosse aplicar a mesma regra de aparente democratização às colónias.

Tal não aconteceu e não houve escrúpulos em se ir buscar, como adiante descreveremos, decretos tão antigos como o Decreto nº 23 241 de 21 de novembro de 1933, o Dec. nº 36 090 de 3 de janeiro de 1947, o Dec. nº 39 299 de 30 de julho de 1953, para se entender que os processos dos crimes contra a segurança exterior e interior do Estado deviam ser julgados pelos tribunais militares territoriais da respetiva colónia.

Note-se que o Dec. n.º 36 090 se referia tão-somente à competência dos tribunais militares para julgar os crimes previstos nos artigos 163º a 176º do Código Penal e o Dec. nº 39 299 só trazia em si normas de natureza processual a serem aplicadas em processo de réus ausentes pendentes nos tribunais militares por crimes contra a segurança exterior e interior do Estado, sem que em nenhuma disposição se referisse à competência desses tribunais.

Mesmo assim esses diplomas inicialmente desconhecidos, diga-se tanto da Pide como dos tribunais comuns, foram brandidos como armas, para relegar o julgamento dos processos políticos a um tribunal de excepção.

Não foi por mero acaso que se optou pelo julgamento dos processos dos presos políticos no tribunal militar. A diferença dos termos processuais e de recurso entre o tribunal militar e o tribunal comum era abissal: encurtava-se todos os prazos processuais atribuídos à defesa, proibia-se a confiança do processo ao advogado, restringia-se o envio de cartas precatórias e rogatórias, dava-se ao juiz poderes discricionários muito mais amplos. Mas a questão fundamental era a de o julgamento se processar na quase totalidade duma forma oral, pois os réus, tal como declarantes e testemunhas, depunham ORALMENTE.

Consequentemente, tudo o que fosse a matéria apresentada pela defesa não ficava consignada na ata da audiência de julgamento. Desta ficavam só a constar o resumo de requerimentos da defesa e os despachos sibilinos do tribunal. Nem tampouco eram elaborados quesitos pelo tribunal sobre os factos a serem dados como provados e por conseguinte não havia respostas nem reclamações contra a forma como fosse apurada a matéria de facto.

Em contrapartida a Pide durante a instrução dos autos organizava os processos com volumes e volumes, onde tudo estava escrito à sua feição, com os depoimentos ditados sem ser admitida a menor contestação por parte dos acusados e com as suas assinaturas por baixo.

Silenciava-se os métodos fraudulentos como essas confissões eram obtidas, com torturas físicas, ameaças de toda a ordem até de morte, falsas promessas de libertação, etc.

É bom de ver que perante os dois pratos da balança tão desiguais, o tribunal tinha o campo livre para decidir, com aparente «razão» e sem receio de controvérsias.

Além disso só havia uma instância de recurso para o Supremo Tribunal Militar sedeado em Lisboa, ao invés de duas instâncias, como acontecia nos tribunais comuns. Ali eram reproduzidas as mesmas regras do tribunal militar territorial, sendo que se o réu comparecesse, teria que vir sob prisão.

Há ainda que acrescentar o ambiente criado pela justiça militar que tinha um aparato altamente intimidativo. Na cidade de Luanda o Tribunal Militar Territorial estava, à época, instalado num vetusto edifício da Cidade Alta, uma casa de sobrado que fora em tempos o hospital da Misericórdia e que foi recentemente totalmente demolido e reconstruído e onde se encontra hoje instalado o Tribunal de Contas. Em dia de julgamento todo o edifício se apresentava coalhado de militares ostensivamente armados, desde o portão de entrada, às escadarias e pela sala de audiências, sem se falar na óbvia presença dos pides à paisana.

Tratava-se dum tribunal com composição própria, que era integrado por dois juízes militares, um deles o presidente com a patente de coronel e o outro com a patente de tenente-coronel ou capitão e por um juiz togado. O promotor de justiça que exercia as funções de Ministério Público tinha a patente de capitão e havia ainda o secretário que exercia as funções de escrivão. Todos eles compareciam na audiência em grande uniforme.

Tanto o advogado como o Promotor de Justiça tinham obrigatoriamente que falar de pé, e o réu por seu turno tinha que se manter de pé enquanto fosse feita a leitura do libelo acusatório e da defesa escrita. Este formalismo exacerbava-se no momento da leitura de sentença, em que o réu entrava na sala de audiências escoltado e era conduzido até à teia.

Os juízes punham-se de pé e cobriam a cabeça, e todos os mais presentes na sala de audiências se levantavam. A guarda de honra composta por um sargento, um cabo e 12 soldados, apresentava-se perfilada com as armas e com as barretinas na cabeça. No momento em que fosse anunciado que se ia proceder à publicação da decisão do tribunal e se pronunciasse a fórmula sacramental «em nome da lei», a guarda devia apresentar armas que eram de início espingardas com baionetas, e depois passaram a ser metralhadoras. Por sua vez, os juízes militares desembainhavam as suas espadas

Os recursos interpostos só subiam depois de proferido o Acórdão final e o processo seguia para Lisboa. Pode dizer-se que o Supremo Tribunal Militar negou provimento a todos os recursos interpostos pela defesa. Pelo contrário e como adiante veremos, num deles o recurso do Promotor Militar, representante da acusação, teve sucesso e o processo baixou à primeira instância com o fim específico de serem agravadas as penas.

6. O enquadramento internacional

Está fora do âmbito do nosso trabalho aprofundar o estudo do enquadramento dos acontecimentos políticos e sociais da época e que se processavam em todo o continente africano e fora dele, marcados pelo movimento emancipador dos povos colonizados. Limitar-nos-emos a referenciar alguns dos que mais diretamente se prendem com os processos políticos que vamos analisar.

A década de 50 do Século XX marcou a vida do nosso planeta por nela se ter intensificado a luta pela libertação dos povos colonizados no continente africano e ter sido o começo do fim de quase todos os impérios coloniais. Formou-se a Tricontinental que abrangia os povos colonizados de três continentes, Ásia, África e parte da América Latina. Os países integrados na Conferência de Bandung apoiados pela então União Soviética, constituíam a principal alavanca desse movimento libertador.

Estas novas forças políticas, à medida que se libertavam os países e se constituíam em estados independentes, iam-se integrando na Organização das Nações Unidas e foi nesta organização que se foi formando uma fortíssima corrente de opinião no sentido da emancipação dos povos ainda oprimidos pelo colonialismo.

Ora Portugal fora admitido como Estado membro das Nações Unidas em dezembro de 1955 e como tal estava adstrito ao cumprimento das resoluções tomadas pela sua Assembleia-geral. O confronto de posições entre as potências colonizadoras e todos os que lutavam pela libertação dos povos sob o jugo colonial cada vez mais se agudizava. Lenta mas rigorosamente, foi-se definindo o que eram as metrópoles colonizadoras por um lado e o que se devia entender por território não autónomo.

Os debates processavam-se na 4ª Comissão da Assembleia-geral e debruçavam-se sobre a situação jurídica e as condições imperantes nos territórios portugueses do ultramar, inclusive em Angola. A batalha jurídica centrava-se no essencial, na interpretação do artº 73º da Carta das Nações Unidas que se referia aos «territórios não autónomos», cuja definição abrangia os povos que não tinham ainda atingido por completo uma fase de governo próprio, e que atribuía à potência administradora a obrigação de transmitir informações sobre as condições económicas, sociais, etc. em que se encontrava o território.

A posição do então governo português era negar redondamente que tivesse colónias, pois quando interrogado oficialmente sobre se tinha territórios não autónomos sob sua administração, respondia pela negativa e dizia ter somente províncias, designadas como "ultramarinas", apenas separadas geograficamente da Metrópole, mas no mais em tudo iguais às províncias do continente europeu, pelo que se recusava a cumprir tal obrigação. Mas a verdade é que tal sofisma não foi aceite por muito tempo.

A controvérsia foi-se tornando cada vez mais acesa mormente em razão dos acontecimentos que se foram processando em Angola, sendo de realçar a repercussão internacional que tiveram as vagas de prisões dos patriotas angolanos desencadeadas em 1959, bem como os primeiros processos políticos que se lhe seguiram. A representação do governo português de então na Organização das Nações Unidas lamentava-se de ser incompreendida.[2]

Teve particular importância a Resolução nº 1 542 de 15 de dezembro de 1960 da Assembleia-geral das Nações Unidas que veio expressamente enumerar como territórios não autónomos sob administração de Portugal, todas as suas colónias e dependências, incluindo como é óbvio, Angola. A partir desse momento ficou reconhecido à luz da comunidade internacional que Angola era um Estado sob administração de um outro Estado e como tal com pleno direito a ascender à sua própria independência.

Aliás esta Resolução tornou-se possível porque no dia anterior 14 de dezembro de 1960 a Assembleia-geral das Nações Unidas tinha aprovado a sua histórica Declaração sobre a Outorga da Independência aos Países e Povos Coloniais, proposta que partiu no fundamental, da União Soviética e que teve o apoio dos demais países recém independentes. No seu riquíssimo enunciado ela proclamou o direito de todos os povos à sua auto-determinação além do seu direito à independência e à integridade territorial.[3]

[2] Franco Nogueira, As Nações Unidas e Portugal, Lisboa, Ática, 1961, pag. 163: "Neste particular, Portugal e a Assembleia não falam a mesma linguagem, e os pressupostos político-sociológicos de que partimos não são entendidos, nem reconhecidos, nem acolhidos pelo idearium das Nações Unidas. Nem a legitimidade dos títulos de soberania, nem o conceito civilizador da colonização, nem a estrutura unitária nem a integração baseada numa multirracialidade e numa pluricultura se revestem de idoneidade política perante a Assembleia. É esta e não outra, a realidade no momento histórico actual".

[3] Resolução nº 1542 da Assembleia-geral das Nações Unidas; Artº 1º- A sujeição dos povos a uma subjugação estrangeira constitui uma negação dos direitos humanos fundamentais, é contrária à Carta das Nações Unidas e compromete a causa da Paz e da cooperação mundiais. Artº 2º- Todos os povos têm o direito de livre determinação...

Apesar da repressão e da rigorosa censura que imperava em Angola, o eco de todos estes acontecimentos fazia-se sentir e com bastante intensidade. O regime colonial procurava numa dupla ação impedir que entrassem cá dentro notícias da evolução que o mundo sofria e, em simultâneo, impedir com ferocidade que transpirassem lá para fora os factos que aqui se viviam e a repressão que estava a ser desencadeada. Era por isso que o menor contacto com elementos que estivessem fora do País era apodado de "auxílio do estrangeiro", acção de separatismo e enquadrado no citado artº 141º do Código Penal. Mas pela leitura das acusações e outros elementos dos diferentes processos se pode concluir que os patriotas angolanos não estavam fechados para o que se passava além fronteiras, muito pelo contrário.

O principal documento apreendido no primeiro processo movido contra José Manuel Lisboa e outros e que teve o seu início em março de 1959, foi o «o nosso Relatório para a Conferência a realizar em Accra, em março do Corrente Ano». Era no país recém independente de Kwame N'Krumah que estava sedeada a Conferência Pan-africana e onde se realizou uma conferência presidida por Tom M'Boya do Quénia em que precisamente foi debatida a libertação do colonialismo dos restantes países de África. E no segundo processo movido contra Ilídio Machado e outros, um dos panfletos apreendidos teve do mesmo modo como conteúdo a «Conferência de Accra», com a Declaração dos Chefes dos Estados Africanos Independentes então emitida. Noutros panfletos designados como Manifesto Africano vem no cabeçalho o lema libertário de George Padmore, conselheiro de N'Krumah, proclamando: «Uni-vos. Nada mais tendes a perder do que as correntes da escravatura!»

Igualmente a Guiné-Conackry liderada por Sékou Touré, constituía um dos baluartes da luta pela emancipação de África pelo exemplo que tinha dado não querendo aceitar o neo colonialismo francês, tornando-se o primeiro estado africano francófono independente em 1958.[4]

[4] Sékou Touré, La Guinée et l'Emancipation Africaine Paris, Présence Africaine, 1959, pag. 202: «Toutes les consciences humaines n'ont-elles pas fini de comprendre ou de constater que le phénomene colonial n'a été jamais un phénomene de liberté, qu'il n'a jamais été ni un phénomène déterminé en fonction de l'interét africain, ni un phénomene d'expression authentiquement africaine? Il demeure une volonté étrangère, une force arbitrairement imposée à l'Afrique par milles formes et milles moyens de domination, d'opression et d'exploitation. Puisque la colonisation avait pour but essentiel de se servir de nous et non de nous servir».

Em Angola teve repercussão relevante a independência do Congo (Brazzaville), mas a declaração da outorga da independência ao então Congo-Belga marcada para o ano de 1960 foi o acontecimento que maior eco produziu em todos os nacionalistas angolanos, a despeito de todos os acontecimentos trágicos que se lhe seguiram.

Acompanhando o espírito progressista da época, o Papa João XXIII, que teve uma curta mas fulgurante chefia da Igreja Católica, veio tornar pública a posição da igreja em apoio ao direito dos povos à sua auto determinação Comparava o direito à auto determinação dos povos ao direito da pessoa humana à liberdade. Esta linha de pensamento foi depois retomada na sua Encíclica «Mater et Magister», de maio de 1961 em que enalteceu o facto do declínio dos regimes coloniais e a conquista da independência pelos jovens países.

Capítulo II
As Primeiras Prisões da Pide

1. Os antecedentes

As prisões que eram efetuadas pelas autoridades administrativas em Angola e anteriormente pelas autoridades militares, sobre a população dita indígena e em menor escala sobre a população dita assimilada, eram sem dúvida tão frequentes que faziam parte do quotidiano da vida colonial, sendo encaradas com «naturalidade» por esse meio.

Estava incluído dentro dos poderes atribuídos às autoridades administrativas coloniais o de poder prender arbitrariamente o «indígena» sob qualquer pretexto e sem necessidade da formalização de qualquer processo. Já em relação ao não indígena havia que tomar mais cuidado, mas o sistema colonial era fértil em encontrar alternativas, sendo a mais comum a deportação para remotas paragens por simples despacho das autoridades coloniais. O envio de milhares de angolanos para servirem da mão-de-obra gratuita em S. Tomé ou para os lugares mais inóspitos de Angola, era usado com displicência sob o pretexto de castigar pretensos crimes ou tão só pelo facto de se evidenciar espírito de rebeldia face ao sistema colonial prevalecente.

2. Surgimento da Pide

Mas a chegada da Pide a Angola nos meados da década de 50 veio alterar profundamente este quadro instaurando um serviço centralizado e especializado de repressão policial de cariz político. Ela correspondia à necessidade que então se começou a fazer sentir de fazer frente ao novo fenómeno que começava a desencadear-se nos países colonizados no sentido da organização das forças de libertação, contrapondo-lhes meios mais sofisticados de repressão e sufocação.

Enquanto em Portugal a repressão policial e política se dirigia em especial contra o comunismo e outras forças democráticas, nas colónias o inimigo a abater era o separatismo que a breve trecho passou a ser apelidado de «terrorismo». A Pide foi-se instalando em Angola de forma sub-reptícia, sem se fazer notada, mantendo a quase totalidade da população na desprevenida ignorância daquilo que contra si se tramava.

Em 1958 tinham tido lugar as eleições para a Presidência da República em Portugal tendo-se apresentado como candidatos da oposição Arlindo Vicente e Humberto Delgado. A candidatura de Humberto Delgado pela primeira vez, manteve-se até final. Em Angola as forças progressivas portuguesas tiveram forte atuação sobretudo em Luanda e Benguela onde o candidato do salazarismo saiu derrotado nas urnas. Na verdade, onde foi possível o controle dos votos deitados nas urnas, como aconteceu na mesa eleitoral que ficou instalada no átrio da então Câmara Municipal da Luanda, onde nós estivemos cerca de 12 horas seguidas sem arredar pé, saiu vencedor o candidato Humberto Delgado.

Todo este período eleitoral embora de curta duração, teve profundo reflexo em Angola onde os patriotas angolanos, muito embora não interviessem publicamente, seguiam atentamente o desenrolar dos factos na expetativa de que pudesse vir daí uma alteração ao rumo seguido pela política colonial. Mas o desfecho da campanha e a forte repressão que se lhe seguiu, fizeram esfumar rapidamente as esperanças de que Portugal fosse seguir o exemplo doutros países colonizadores em África, como a Bélgica, França e Inglaterra onde começava a empreender-se a descolonização.

As vias estruturais por que optaram no começo as forças nacionalistas angolanas, na luta pela Independência podem sintetizar-se em dois sentidos:

- aumentar e difundir a nível interno, os ideais da independência e do nacionalismo
- procurar dar conhecimento às instâncias regionais e internacionais da real situação vivida em Angola sob a exploração e repressão colonial, desmascarando o quadro aparentemente idílico do sistema colonial, exportado pelo colonialismo português.

Foram estes os principais eixos de ação que irão integrar no fundamental os primeiros tempos da luta de libertação, antes de se ter desencadeado a luta armada.

3. A infiltração e o início da vaga de prisões

A importância que a Pide já estava a dar ao que se processava em Angola é evidenciado pelo ofício que o seu sub-diretor envia em 10 de janeiro de 1959 para o diretor em Lisboa a comunicar a distribuição de panfletos "separatistas" em Luanda,dos quais são enviados 2 exemplares. [1]

Fica patente pela "INFORMAÇÃO" datada de 24 de janeiro de 1959, que nessa data a Pide já tinha conseguido infiltrar-se nos grupos nacionalistas angolanos.Como sempre o informador não vem identificado. Estavam detetados então 3 grupos atribuídos à UPA,única organização à data reconhecida como atuante, e que eram os seguintes:

O grupo A, o grupo dos "nativos" entre os 15 e os 30 anos
O grupo B "são de mais idade e mais seguros a trabalhar"
O grupo C composto por Ilídio Machado e outros e 3 sacerdotes católicos.

São indicadas as respetivas ligações com o exterior, designadamente no então Congo Belga, com Nekaka por intermédio de N'kodo e no Gana, por intermédio de George.

Este documento evidencia que a infiltração da Pide na sociedade angolana foi feita de forma subreptícia, com a captação de elementos do meio, que lhe permitiu seguir as pistas até aos diversos grupos atuantes na luta clandestina[2]

O golpe inicial é desferido com a prisão no aeroporto de Luanda, de José Manuel Lisboa à data de 19 anos de idade, que tinha vindo de Leopoldville em visita a familiares.

No seu regresso a Léopoldville, no dia 28 de março de 1959 e já no aeroporto de Luanda, foi intercetado pela Pide que o prendeu. Efetuada uma busca à sua bagagem, a Pide encontrou três cartas ocultas dentro de uma camisa.

Nesse dia foi também preso Lucrécio da Silva Mangueira.

[1] Vide documento em Anexo 1.
[2] Vide documento em Anexo 2.

Mas a primeira grande vaga de prisões efetuadas pela Pide iria ter lugar às primeiras horas do dia 29 de março de 1959[3], que coincidiu com as festividades da Páscoa, dia que viria a ficar assinalado com letras de sangue e luto e que marcou um novo caminho de dor e heroísmo para os patriotas angolanos. O inesperado do golpe foi desferido com total surpresa e com mão de mestre. Posteriormente, pela ordem numérica dada pela Pide aos processos que ia instaurando, pôde apurar-se que esse tomaria o número 22/59 mas dos anteriores 21 processos não foi dado conhecimento público, desconhecendo-se quem seriam os presos e acusados nesses processos.

Nesse dia foi efetuada a prisão de Fernando Pascoal da Costa a quem foi apreendida uma arma de caça que estava devidamente legalizada,[4] e da maior parte dos integrantes do grupo que a Pide entendeu designar como o «Grupo Ela», e que eram António Pedro Benge, Sebastião Gaspar Domingos, Agostinho André Mendes de Carvalho.

Sem embargo da apreensão feita pela Pide do Relatório elaborado pelos Reus, na Conferência de Accra presidida por Tom B´Moya foi lida uma mensagem pelo representante da União das Populações de Angola-UPA que contem uma violenta denúncia sobre a opressão do regime colonial.[5]

Subsequentemente foram presos Joaquim Figueiredo, Garcia Vaz Contreiras, Belarmino Van-Dúnem, André Rodrigues Mingas, Noé da Silva Saúde e Nobre Pereira Dias. Com estas prisões segundo a tese da Pide, estava feito o aniquilamento do referido «Grupo Ela».

Um a um os presos passaram a ser levados para as prisões da Pide que se situavam no Bairro de S. Paulo, em Luanda.

4. A Tortura

Todos os presos relatam os maus tratos a que foram sujeitos. Mais eloquente do que a frieza do texto dos autos são alguns depoimentos escritos pelo punho dos presos e que ainda conservamos como verdadeiras preciosidades.

Apesar da sua avançada idade, mais de 70 anos, Fernando Pascoal da Costa referiu que as suas declarações «lhe foram arrancadas à pancada».

[3] O dia 29 de março é hoje considerado e comemorado como o dia do preso político angolano.

[4] Vide documento em Anexo 3.

[5] Vide documento em Anexo 4.

Por sua vez Sebastião Gaspar Domingos, com mais de 60 anos de idade, descreve como ocorreram os factos: «Fui preso às 5 horas da madrugada do dia 29 de março... cerca de 5 ou 6 pessoas bateram à porta e logo que o meu filho a abriu, introduziram-se sem mais satisfações em todos os compartimentos incluindo o meu quarto onde me encontrava com a minha esposa e começaram a mexer em todos os móveis, malas e colchões... procurei saber quem eram os senhores e um deles respondeu, somos da Pide». Nos calabouços da Pide no Bairro de S. Paulo são desencadeados os interrogatórios em que são aplicadas a tortura da estátua, agressões físicas como pisadelas, pontapés, bofetadas e empurrões, alternadas com ameaças de morte, insultos soezes, mas também promessas de próxima libertação e até ofertas que os presos rejeitavam.

No âmbito do mesmo processo foi depois preso Armando Ferreira da Conceição que residia em Léopoldville, no então Congo-Belga e trabalhava aí no consulado de Portugal. Foi preso pela polícia de investigação belga no dia 3 de abril, sujeito a busca e levado para a prisão onde ficou até ao dia 11 desse mês. Foi enviado de avião para Luanda tendo sido esperado no aeroporto pelo inspetor da Pide, Reis Teixeira e mais 3 agentes. Dali foi levado para o gabinete do subdiretor da Pide em Angola, Aníbal S. José Lopes, que logo o ameaçou e insultou com palavrões.

Transportado para o pavilhão da Pide aí começou o seu interrogatório pelo chefe de brigada Francisco Lontrão, secretariado pelo agente Álvaro de Oliveira e ambos desencadearam um violento espancamento com socos, pontapés e bofetadas. Estes factos são demonstrativos da cumplicidade entre as autoridades colonialistas belgas e portuguesas que sem qualquer pedido de extradição enviaram para Angola alguém que tinha sido preso no respetivo território. Nos autos ficou porém a constar falsamente que a prisão se tinha efetuado em Luanda!

Outro preso, Joaquim Figueiredo foi preso em 6 de abril seguinte, no seu local de serviço, os Correios, Telégrafos e Telefones (CTT) e ele próprio relatou como os factos se passaram:

> «Feita a busca, levaram-me para a Delegação, para o gabinete do subdirector da Pide e ali o inspector Reis Teixeira perguntou-me sobre o Movimento de Libertação de Angola, como eu negasse saber algo, a resposta foi uma série de bofetadas. Passados uns minutos entrou o S. José Lopes que repetiu a pergunta e como eu voltasse a negar deu-me 2 bofetadas, calcou-me os pés por cima dos sapatos e mandou-me voltar contra a parede. Fui depois

> levado para o Pavilhão da Pide, em S. Paulo, nos Muceques, numa carrinha fechada, onde encontrei Francisco Lontrão e Álvaro de Oliveira que reiniciaram as perguntas sendo então espancado com bofetadas e pontapés. Vieram depois o Reis Teixeira e o S. José Lopes... fecharam as janelas e todos me espancaram desumanamente, determinando que eu ficasse de plantão de dia e de noite de pé. Durante 3 dias e 3 noites passei nessa situação dura e violenta, sem pregar olho. Por seu lado o escrivão Álvaro de Oliveira desferiu-me socos sobre o olho esquerdo e sobre a sobrancelha, ficando a escorrer sangue. S. José Lopes disse textualmente: «se morrer não nos faz falta nenhuma!»...

Joaquim de Figueiredo ficou com a saúde de tal maneira abalada que veio a falecer na cadeia, pouco depois de efetuado o julgamento em 1ª instância.

As prisões foram-se sucedendo numa cadência aterradora e embora não se possam adiantar números exatos, nos primeiros meses elas atingiram mais de uma centena de presos. Estava muito dentro das táticas usadas pela Pide prender pessoas que depois libertava para seguir novas pistas, pessoas que depois tornava a prender, ou porque eram pessoas que a Pide queria tão-somente atemorizar para que deixassem de ter atividade política. O certo é que a partir dessa data todo o ambiente vivido em Angola se tornou de extrema tensão social e o sentimento de insegurança e de terror perante aquela nova força toda-poderosa tomou conta da população.

Mas contrariamente ao pretendido pelo regime colonial e policial o resultado foi extremamente contraproducente e cada vez foi engrossando mais o número dos patriotas angolanos engajados na luta e alertado o espírito de consciência de que se impunha a participação de todos na libertação do país. A acrescer ainda o facto de que as pessoas que foram entrando nas prisões da Pide tinham sem dúvida um grande ascendente moral e político no meio angolano, pelo que a notícia das prisões ia tendo uma ressonância social difícil de descrever. As notícias iam circulando de boca em boca e atingiam-nos a todos nós causando um profundo abalo.

Devemos também assinalar como factor de primordial relevância em todo o desenrolar dessa época histórica, a postura revestida de grande dignidade e coragem assumida pelas famílias dos presos políticos.

E nesta designação de família temos que abranger a «família extensa» melhor dizendo muito extensa, pois até os parentes afastados se apresentavam com total solidariedade e dando apoio moral.

5. Remessa a Tribunal

Dada por finda a instrução pela Pide, o primeiro processo foi enviado a tribunal em 24 de setembro de 1959 seguindo-se o segundo e o terceiro processos. Foi então que com estupefação se verificou que os presos estavam divididos por 3 processos e não integrados num único processo como se julgava. Nessa época a comarca de Luanda como então era designado o tribunal comum, estava dividida em 3 Varas as quais tinham simultaneamente competência cível e criminal. Ora os 3 processos políticos entrados foram distribuídos respetivamente à 1ª, 2ª e 3ª Varas. Em princípios de outubro de 1959 quase todos os presos políticos foram transferidos dos calabouços da Pide para a Casa de Reclusão Militar que estava instalada na vetusta Fortaleza do Penedo, junto ao actual Porto comercial de Luanda, no Bairro da Boavista, junto ao mar.[6]

O primeiro processo instaurado pela Pide com o nº 22/59 coube por distribuição, à 2ª Vara que tinha como juiz Jorge Henrique Pinto Furtado. Foi lavrada a querela provisória pelo Ministério Público e depois o despacho de pronúncia provisória exarado pelo juiz.

Foram por esse despacho indiciados 20 arguidos presos, respetivamente:

- António Pedro Benge, Fernando Pascoal da Costa, Joaquim de Figueiredo, Sebastião Gaspar Domingos, Noé da Silva Saúde, Nobre Ferreira Pereira Dias, Belarmino Sabugosa Van-Dúnem, André Rodrigues Mingas, Pascoal Gomes de Carvalho Júnior, Agostinho André Mendes de Carvalho, Garcia Lourenço Vaz Contreiras, Adão Domingos Martins, João Lopes Teixeira, Manuel Bernardo de Sousa, Florêncio Gamaliel Gaspar, José Diogo Ventura, João Fialho da Costa, Manuel Batista de Sousa, Armando Ferreira da Conceição e José Manuel Lisboa.

[6] A quando da comemoração do 41º Aniversário do dia do preso político angolano, nós propusemos que a Casa de Reclusão Militar fosse transformada em museu – vide Jornal de Angola de 30 de março de 2000.

– Não foi recebida a querela contra o arguido Lucrécio da Silva Mangueira, por se entender que os autos não mostravam indícios suficientes para a acusação.
– Todos os arguidos foram pronunciados provisoriamente como autores do crime previsto no artº 141º nº 1º do Código Penal, à exceção do arguido Lisboa que foi pronunciado como cúmplice. Contra todos porém foi ainda aditado que estavam sujeitos às penas acessórias do artº 151º nºs 1º e 2º do Código Penal e dos artºs 20º e 21º do Decreto nº 37 447, referentes às medidas de segurança. Foram mandados passar mandados de captura em relação aos arguidos não presos.

Na querela definitiva o Ministério Público, além dos arguidos acima mencionados, veio ainda aditar os nomes de mais 13 arguidos assim identificados:
– Ferreira, de raça negra, embarcadiço, George Barnett, ex-tripulante do navio African Pilot, de nacionalidade americana, Manuel Tomás da Costa, Costa Nkodo, Kimpipiololo Kimpio, João Eduardo Pinok ou Pinoca, ambos residentes em Matadi, António Jabes Josias, António Josias ou Josias António, Manuel Barros Nekaka, residentes em Léopoldville, Onofre, Susana Milton, Roberto Olden, Holden Roberto, Haldame Roberto, Roberto Holden ou Ruy Ventura, delegado do movimento em Accra, António Jacinto, residente em parte incerta, Deolinda Rodrigues Francisco de Almeida, de raça negra, residente em S. Paulo, no Brasil, Inocêncio Van-Dúnem dos Santos Martins, residente em Léopoldville, Jorge Mingas, residente em Brazzaville, Mário Pinto de Andrade, de raça negra e Viriato Francisco Clemente da Cruz, mestiço, ambos residentes em Paris.

No final da sua querela o Ministério Público requereu que os réus 22 a 34 fossem julgados à revelia e a «entrega do norte-americano George Barnett».

Em conformidade com a querela do Ministério Público, o juiz lavrou novo despacho de pronúncia contra os arguidos que tinham sido acrescidos pelo acusador. Este por sua vez manteve a sua querela e renovou o já promovido quanto «ao réu Barnett». Entretanto foi lavrado o despacho de pronúncia definitiva em que textualmente se declarou: «O

Tribunal é competente. Não há nulidades. Não há questões prévias que obstem ao conhecimento da culpa. O súbdito americano não poderá ser chamado a julgamento por não lhe ser aplicável a lei portuguesa... pelo que ficará a aguardar pelo período da prescrição que seja encontrado em território nacional».[7]

6. A luta pela competência do tribunal comum

Este despacho transitou em julgado e os autos prosseguiram tendo os réus apresentado o respetivo rol de testemunhas e documentos. Foi depois marcado o julgamento para o dia 7 de março de 1960. Nesse processo tínhamos a nosso cargo como advogada constituída, a defesa dos presos Fernando Pascoal da Costa, Sebastião Gaspar Domingos, Joaquim de Figueiredo e Armando Ferreira da Conceição.

Quando tudo fazia prever que se ia proceder a julgamento, em 25 de janeiro de 1960, o Ministério Público, dotado de súbita «inspiração», veio aos autos deduzir a exceção da incompetência do tribunal comum e para tal invocou o disposto no Decreto-Lei nº 39 299 de 30 de julho de 1953. De imediato o juiz sem ouvir a defesa julgou procedente a exceção de incompetência do tribunal em razão da matéria e sem mais, ordenou a remessa do processo ao Tribunal Militar Territorial.

Deste despacho nós interpusemos logo recurso para o Tribunal da Relação de Luanda e apresentámos as alegações de recurso que publicamos em anexo.[8] A profusão de legislação invocada quer pela acusação quer por nós em defesa dos nossos constituintes, pode dar uma ideia de qual era o labirinto legal em que nos movíamos, com diplomas parcialmente tornados extensivos às colónias, desfasados nos anos, numa teia propícia a decisões arbitrárias.

O Tribunal da Relação negou provimento ao recurso sustentando que o despacho de pronúncia definitiva que declarara o tribunal competente e que transitara em julgado o tinha feito «por uma forma vaga e abstrata, vazia de conteúdo que não constituía caso julgado»

De novo interpusemos recurso para o Supremo Tribunal da Justiça, em Lisboa, o qual foi recebido com efeito meramente devolutivo, e desse facto resultou que os autos fossem logo enviados ao Tribunal Militar Ter-

[7] Vide documento em Anexo 5.

[8] Vide documento em Anexo 6.

ritorial de Angola. Nas alegações deste segundo recurso sustentámos, em súmula, que fora revogada a competência atribuída aos tribunais militares para julgar crimes políticos ditos crimes contra a segurança externa do Estado, pelo que o processo devia ser de novo remetido ao tribunal comum.

Quem acompanhou o andamento deste recurso bem como de quase todos os outros recursos dos presos políticos angolanos, fazendo-o sempre desinteressadamente e sem qualquer remuneração, foi o advogado nosso amigo e colega de curso, Luís Saias.

O Supremo Tribunal de Justiça veio a proferir Acórdão sobre este recurso, em que fez um longo historial sobre a legislação publicada em Portugal desde a implantação da ditadura. A dado passo menciona-se que o Dec. n.º 35 044 de 20 de outubro de 1945, que retirou em Portugal a competência aos tribunais militares especiais para julgar os crimes contra a segurança exterior e interior do Estado «nunca vigorou no Ultramar», e reconhecendo embora que o Decreto-Lei nº 39 299 de 30 de julho de 1953 tenha tido especialmente em vista as «providências a tomar quando haja réus que não sejam encontrados» ele mencionava os processos relativos a crimes contra a segurança exterior e interior do Estado. Acrescia que a competência destes tribunais resultava «de não existir nas províncias ultramarinas o Tribunal Plenário Criminal».

Adiantou-se ainda: «É certo que o artº 3º do Decreto-Lei nº 36 090 revogou o Decreto-Lei nº 29 351... não se quis porém afectar a competência dos tribunais militares territoriais para conhecer dos crimes de rebelião. Acresce que se não compreenderia que os crimes contra a segurança interna do Estado fossem julgados pelos tribunais militares territoriais, e sobre isso não pode haver dúvidas em face do expressamente disposto no artº 1º do Dec. nº 36 090 e não fossem julgados nos mesmos tribunais os crimes contra a segurança externa do Estado.

De resto a competência dos tribunais militares territoriais do Ultramar para julgar os crimes contra a segurança exterior do Estado resulta bem claramente do artº 7º do Decreto-Lei nº 37 732 de 13 de janeiro de 1954, segundo o qual compete ao Tribunal Plenário Criminal de Lisboa julgar os crimes referidos nos artigos 1º a 3º do artº 13º do Dec. nº 35 044 cometidos no Ultramar, quando a Secção Criminal do Supremo Tribunal de Justiça sob proposta do Procurador-geral da República, mande avocar o julgamento ao tribunal criminal. E o § único desse artº

7º dispõe que a competência territorial do Tribunal Criminal de Lisboa considera-se nestes termos extensiva ao Ultramar abrangendo a área dos distritos judiciais de Luanda, Lourenço Marques e Goa».

Fizemos esta longa transcrição do Acórdão do Supremo Tribunal de Justiça porque ela nos parece ser esclarecedora e mostrar com patente evidência o emaranhado de normas no sistema legal que à época vigorava, sempre invocando preceitos de exceção no que dizia respeito à repressão dos crimes políticos.

Foi com os fundamentos acima descritos que foi negado provimento ao recurso dos nossos constituintes por Acórdão de 14 de dezembro de 1960, sendo certo que nessa data já se tinha iniciado o julgamento dos réus presos no Tribunal Militar Territorial de Angola. Este Acórdão do Supremo Tribunal de Justiça teve o alcance de estabelecer definitivamente doutrina. A partir dessa data passaram a ser julgados no Tribunal Militar Territorial todos os processos crimes que respeitassem a crimes contra a segurança externa do Estado ou seja por outras palavras, os que respeitassem à luta pela independência nas diferentes colónias portuguesas.

Segundo cremos, a previsão da extensão da competência do Tribunal Plenário de Lisboa, tribunal especial criado para julgamento dos presos políticos portugueses, foi tomada relativamente às colónias, tendo tido inicialmente em vista os presos da denominada «Índia Portuguesa». Logo após a independência da Índia, em 1947, se iniciou no então denominado "Estado da Índia" sob dominação portuguesa, uma forte corrente política de luta em prol da integração naquele novo Estado.

Era pois neste intrincado labirinto de normas e contra-normas que nós juristas tínhamos que navegar, num percurso acidentado, pelo meio de rochedos e recifes muitas vezes intransponíveis, em que nós procurávamos encontrar o melhor meio de defesa, sem embargo da situação de tal forma desvantajosa em que nos encontrávamos.

Também ficou a nosso ver claro "a todas as luzes", parafraseando o Acórdão do Supremo, que o sistema ditatorial da época de todo em todo não queria que os processos dos presos políticos fossem julgados pelos tribunais comuns, não fosse dar-se o «azar» deles irem parar às mãos de magistrados menos complacentes com o poder instituído.

Porque como referimos, os autos foram remetidos ao Tribunal Militar Territorial de Angola logo que transitou o acórdão do Tribunal da

Relação e ali ficou com o número de Processo 41/60. Sucedeu curiosamente que a ordem por que se processou a entrada dos processos nesse tribunal não seguiu cronologicamente a ordem pela qual tinham sido efetuadas as prisões. Assim o Processo nº 40/59 da Pide, contra Ilídio Machado e outros, tomou no Tribunal Militar o nº 34/60 mas iria ser o último a ser julgado, o que só aconteceu em dezembro de 1961. Entretanto o Processo nº 47/59 da Pide, contra o Engenheiro Calazans Duarte e outros, teve o nº 45/60 do Tribunal e foi o primeiro a ser julgado em agosto de 1960.

O Tribunal Militar Territorial à medida que foi recebendo os processos, foi exarando despachos no sentido de que estes só deviam correr contra os réus presos, abstendo-se de julgar os réus reveis.

7. O substrato da acusação

O documento já mencionado, que foi apreendido na mala de José Manuel Lisboa e que foi desencadear os factos que relatámos, intitulava-se "O Nosso Relatório Para a Conferência a Realizar em Accra em Março do Corrente Ano".[9]

A Conferência Pan-Africana fora na verdade um acontecimento da maior relevância que tivera lugar no Ghana, país recém independente, liderado por Kwame N'Krumah, um dos chefes de Estado que assumiu a liderança da luta pela libertação do continente africano do jugo colonial.

Nesse documento comparavam-se as diferentes posições das potências colonizadoras, contrapondo-se a atitude do governo ditatorial de Salazar com a do governo belga que já reconhecera o direito do Congo ex-belga à independência. Em nosso entender é muito significativo o que nele a certo passo se menciona e que nos revela a forma de luta seguida pelos patriotas angolanos: "O sistema de se trabalhar por grupos isolados é simplesmente uma medida de prevenção contra a espionagem. Mas já está em estudo um processo de centralizarmos o movimento, constituindo um grupo único". O objetivo a atingir com a luta era bem claro, a consumação da independência de Angola. Fazia-se o apelo ao regresso a África de cidadãos negros americanos e encarava-se o futuro do país liberto dos colonos brancos a fim de evitar a repetição do que então se passava na África do Sul.

[9] Vide documento Anexo 7.

Assinavam o Relatório os Líderes da Libertação de Angola, Ernest Guendes, Luzerna Pinto Mendes e Arnaldo Goreva, aparecendo ainda os nomes dactilografados, mas sem as respetivas assinaturas, de João da Costa Macongo, Cassule Angola, M´Zambe Kilumbo e Balumuka Kabata.

Estes pseudónimos, conforme dados constantes do processo, correspondiam respetivamente: o de Ernest Guendes a António Pedro Benge, o de Luzerna Pinto Mendes a Fernando Pascoal da Costa, o de Arnaldo Goreva a Joaquim de Figueiredo, Balumuka Kabata a Noé da Silva Saúde, João da Costa Macongo a André Rodrigues Mingas, M'Zambe Kilumbo a Pascoal Gomes de Carvalho Júnior, Domingos João Paulo Chiembo a Agostinho André Mendes de Carvalho. Nos autos surge ainda o decalque da interessante exposição que fora dirigida ao Ministro do Ultramar e que fora subscrita por um grupo de habitantes de Luanda Francisco Pereira do Amaral, Luís José Pedro da Silva e João António Bernardo, todos moradores no Bairro do Cemitério Novo, ao km 4 da Estrada de Catete, e nela foram relatadas as vicissitudes por que foram passando os habitantes da cidade de Luanda designados como "indígenas" e alguns europeus pobres, que tinham sido sucessivamente empurrados dentro da cidade de Luanda: da Sanzala dos Cabindas, até 1922, e depois das Ingombotas, do Maculusso, do km 7 do Ramal do Bengo, do Muceque Burity, (Bairro Operário) e dali para o referido bairro do Cemitério Novo[10].

Foram também apreendidos nesse processo panfletos que se encontravam em poder dos presos e que provinham de outros grupos clandestinos que atuavam simultaneamente em Angola e que eram da autoria de presos doutros processos. Em casa de Fernando Pascoal da Costa foi apreendido pela Pide o panfleto "Grito de Guerra" subscrito por Movimento de Libertação Nacional, e que era da autoria dos presos que iriam integrar o Processo a que a Pide deu o nº 47/59 e que no Tribunal militar Territorial iria ter o nº 45/60, em que eram réus o engenheiro Calazans Duarte e outros. Esse panfleto insurgia-se contra a inauguração feita pelo Governador-Geral de Angola, Sá Viana Rebelo, duma carreira de tiro, situada ao km 9 da Estrada de Catete, em que no discurso de inauguração tinha sido feito o apelo para que "todos os homens válidos e

[10] Vide documento Anexo 8.

responsáveis da Província estejam em condições de pegarem em armas e fazer uso delas", numa clara alusão à necessidade dos colonos brancos as usarem contra o povo angolano. Mais adiante, no mesmo panfleto, acrescentava-se:

> "E nós angolanos não estamos contra o povo português, mas contra o governo opressor salazarista".

Este panfleto destinava-se a ser enviado a Capucho João que era o pseudónimo de Armando Ferreira da Conceição.

Devemos ainda apontar para a forma arbitrária como os diferentes acusados foram distribuídos pelos diversos processos, em que em nosso entender predominaram os critérios racistas, pois à Pide não interessava que aparecessem irmanados num só processo angolanos de diversas etnias lutando em comum pela Independência de Angola. Aliás neste processo foi incluído o chamado "grupo dos enfermeiros" sendo que os factos que lhes foram imputados não tinham qualquer interligação direta com o envio do Relatório para Accra e o grupo ELA que o subscrevia.

8. A linha da defesa

Cremos ser agora de definir a linha de orientação por nós tomada ao assumirmos a defesa dos nossos constituintes, conscientes do alto encargo que nos fora confiado e do melindre das posições que em sua representação devíamos tomar. Por um lado havia que pensar numa "defesa útil" no sentido de obter uma pena a mais reduzida possível, mas por outro lado era patente que os princípios ideológicos que tinham levado os presos a desencadear a luta não podiam ser postos em causa. Nesta linha de atuação é evidente que recusávamos adotar a figura do "arrependido" em que o réu se apresentava em tribunal reconhecendo as "malfeitorias" que tinha cometido, prometendo arrepiar caminho e apelando "à benevolência dos julgadores".

Como regra deontológica abstínhamos liminar e rigorosamente de saber dos nossos constituintes qual a sua filiação partidária, ou quais as suas convicções políticas ou religiosas.

A questão fulcral que estava em causa era levar a denúncia a nível nacional e internacional de todo o sistema colonial e fascista que estava implantado com todo o seu cortejo de extremas injustiças quer no plano político, quer no plano económico, quer social.

A opressão do sistema colonial acrescida da repressão sofrida em Angola pelo regime ditatorial, tornava impossível o exercício dos mais elementares direitos de liberdade do cidadão.

Por isso havia a nosso ver, que provar que os factos que eram objeto de denúncia nos documentos que tinham sido apreendidos pela Pide aos presos e que eram essencialmente panfletos, relatórios e estudos continham em si FACTOS VERDADEIROS e não a deturpação da realidade, como pretendia a acusação, pelo que havia que provar a sua existência perante o Tribunal. Por outras palavras, apontar como era desumano e profundamente injusto todo o sistema colonial implantado e legítima a luta dos presos contra ele.

A outra vertente tão importante como a primeira, e agora no aspeto jurídico, visava demonstrar que o conteúdo da lei penal portuguesa traduzido nas disposições dos artºs 141º e seguintes do Código Penal em que fora ilegitimamente alargado o conceito de Mãe-Pátria englobando nele as respetivas colónias, todas igualadas na mesma abrangência como se de Portugal europeu se tratasse, era uma grotesca distorção da realidade que não iludia o mais incauto. Esse eufemismo jurídico mais não era que uma afronta à verdade histórica, política e cultural.

Havia que demonstrar que se tratava, como era evidente, de meras ficções, pois o angolano não era português, nem Angola era território português, a não ser na enunciação, feita unilateralmente na Constituição portuguesa de 1933. Aliás essa mera integração formal era largamente desmentida em todos os aspetos, pelas flagrantes discriminações que estavam patentes na vida política, económica e cultural que caraterizavam a sociedade colonial e que os documentos emanados dos grupos de ação política, alguns deles constantes dos autos, apontavam.

Como vimos, precisamente com o desenrolar dos processos dos presos políticos angolanos, coincidia em simultâneo intensa luta diplomática que se processava no seio da Nações Unidas. Aliás foi esta Organização que nos seus relatórios sobre Angola demonstrou o seu interesse pelo que aqui dentro se passava e observou que os progressos de outros territórios africanos para a autonomia e a independência "parecem terem dado alento aos elementos angolanos dentro e fora de Angola, para a consecução dos seus objectivos sociais e políticos"[11]. Ora coinci-

[11] Relatório da Sub-Comissão das Nações Unidas encarregada de examinar a situação de Angola – documento A/4978 de 27 de novembro de 1961 página 128.

dindo com o início do julgamento deste processo de presos políticos angolanos, a Assembleia-geral das Nações Unidas, já tinha definido que Angola devia ser considerada como "território não autónomo" e como tal sujeita a um regime jurídico distinto do da metrópole. A histórica Resolução nº 1 542 sobre a outorga da Independência aos Países e Povos Coloniais a que já nos referimos, e que proclamava o direito dos povos à autodeterminação, foi precisamente aprovada nesse mesmo mês de dezembro de 1960.

A defesa, como também referimos, estava em posição de franca desvantagem porque era confrontada em tribunal com a volumosa "prova" enviada pela Pide e recolhida em instrução preparatória pelos métodos torcionários já descritos e que passavam pelo espancamento, a tortura da estátua, as ameaças de morte, alternadas de quando em vez com uma gentileza ou falsas promessas de libertação, mantendo o preso sempre em situação de incomunicabilidade e de nenhuma defesa jurídica e que iria culminar com a confissão dos presos do que a Pide entendia ser a "matéria crime".

Acrescia que, como a Pide gozava de absoluta impunidade, em regra prendia para depois interrogar. Isto significava que à menor suspeita de envolvimento na matéria sob investigação, como a simples menção dum nome referido num interrogatório dum preso, a Pide efetuava a prisão e interrogava a pessoa sob prisão, criando à sua volta um clima de tremenda intimidação.

Para justificar a prisão efetuada e a posterior libertação bastava, lançar nos autos uma informação dizendo-se que se não justificava a continuação da prisão e a pessoa era posta em liberdade, sob fortes advertências, não ganhando para o susto. Por outras vezes recorria ao expediente de usar a pessoa posta em liberdade para servir de "isco" a novas prisões.

A total liberdade de movimentos e forma sigilosa como atuava, bem como o temor que inspirava, eram trunfos decisivos na obtenção da prova. Mas para salvaguardar possíveis impugnações às confissões obtidas, a Pide tinha o cuidado de chamar a depor nos autos, quando a instrução se aproximava do fim e os volumes se iam sucedendo em peso compacto, duas "testemunhas" que atestavam a lisura de como as declarações dos presos tinham sido obtidas. Por mera casualidade essas testemunhas nos processos movidos contra os primeiros presos políticos angolanos, eram 2 funcionários do quadro administrativo colonial, Manuel Silveira Ramos e Almeida Santos.

Deste modo os protestos dos presos contra as falsidades contidas nos autos e contra as distorções dos factos introduzidas pelos "escrivães" eram sistematicamente silenciados. Em Tribunal uma das tónicas da defesa incidia precisamente sobre a nulidade das declarações obtidas fraudulentamente e sem a presença de advogado de defesa. É claro que já o simples facto de um advogado vir denunciar publicamente em tribunal a existência de torturas e a forma como as "confissões" eram obtidas era por si só um desafio ao sistema instituído que não iria ficar sem castigo no futuro.

O julgamento iniciou-se no dia 5 de dezembro de 1960, quando os presos contavam já com 20 meses de prisão preventiva. O tribunal que os julgou tinha como presidente o major António Luís Margarido Castilho, como juiz auditor José Roque Gonçalves da Costa, como juiz vogal o capitão João Melo de Oliveira e promotor o capitão Manuel Laurindo Lopes. Eram pois 20 os presos que compareceram em julgamento.

Acusavam-se os réus da prática do crime previsto pelo artº 173º e seu 1º, com referência aos artºs 172º e 141º nº 1º do Código Penal, devendo ser considerados como dirigentes Benge, Pascoal da Costa, Mendes de Carvalho e Joaquim de Figueiredo. José Manuel Lisboa era acusado como cúmplice. Na bancada da defesa, além da nossa participação, cabendo-nos a defesa de Fernando Pascoal da Costa, Sebastião Gaspar Domingos, Joaquim Figueiredo e Armando Ferreira da Conceição, estiveram ainda como advogados constituídos, Júlio Santana Godinho de Antonio Pedro Benge, Joaquim Mendes, de Belarmino Van Dunem, Augusto Penha Gonçalves de André Rodrigues Mingas, João Saias de Agostinho André Mendes de Carvalho e Garcia Lourenço Vaz Contreiras, José Nuno de Almeida Valadas de Florêncio Gaspar e José Manuel Lisboa e António Águas Cruz de José Diogo Ventura e João Fialho da Costa, além do defensor oficioso. Mais eloquente que a nossa descrição dos factos que ocorreram, julgamos que será a leitura da acta de audiência que foi uma só para os sucessivos dias que se processaram as sessões do julgamento e que foram tendo lugar nos dias 5, 6 e 7 desse mês de dezembro de 1960.[12]

[12] Vide Anexo 9.

O agente da Pide, Polónio Queiroz, foi encarregado de acompanhar o decorrer do julgamento e no seu relatório descreve o que se passou nas audiências dos dias 5 e 9 de dezembro de 1960.[13]

Segundo a apreciação do referido agente, a contestação dos Reus Fernando Pascoal da Costa, Sebastião Gaspar Domingos, Joaquim Figueiredo e Armando Ferreira da Conceição, cuja defesa nos estava entregue, foi considerada "explosiva e apologista" por referir agressões feitas aos reus pelos dirigentes da Pide S. José Lopes e Reis Teixeira, e por incluir Angola nas decisões da ONU sobre o direito dos países à autodeterminação.

Depois da leitura do libelo acusatório deu-se início à leitura das contestações dos réus, sendo que pelo caminho alguns dos advogados constituídos renunciaram em plena audiência, à defesa dos seus constituintes. Por radical divergência entre a orientação de defesa preconizada pelos advogados constituídos e a assumida pelos reus, vê-se do aludido relatório do agente da Pide que foram quase todos os réus que passaram a subscrever as suas contestações, numa posição de nítido desassombro[14].

A minha contestação era bastante extensa e orientada da forma seguinte:[15]

- Alegar a nulidade e falsidade das declarações prestadas nos autos por terem sido prestadas sob coação física (tortura da estátua e violentos espancamentos por longos períodos) e coação psicológica (ameaças de morte, falsas promessas de libertação imediata, etc.)
- Negar a existência de envolvimento conspiratório sob a forma de associação criminosa invocado pela acusação
- Aceitar a prática de certos factos, designadamente a denúncia das injustiças do sistema colonial e em última análise justificar o comportamento dos acusados com base num direito natural, o direito dum povo à sua auto-determinação. Note-se que tivemos o cuidado de não mencionar o direito à independência, pois sabíamos que era tabu pronunciar tal palavra, ficando pois pelo direito à auto-determinação, de sentido menos conclusivo.

[13] Vide anexo 10.
[14] Vide Anexo 10.
[15] Vide Anexo 11.

O Dr. Almeida Valadas orientou a sua defesa invocando o direito constitucional vigente, sofrendo igualmente mutilações que tornavam ininteligível o seu conteúdo[16].

Pelo citado relatório do agente da Pide podemos aperceber-nos de que entretanto tinha chegado à direção das instâncias policiais em Angola, conhecimento do teor das nossas contestações, apresentadas na audiência anterior.

Nessa mesma data é enviada da Pide em Luanda para a sede em Lisboa um ofício em que se dá conta do que ocorrera no julgamento e em que se acusam os advogados Medina, Almeida Valadas e João Saias "sobejamente conhecidos como comunistas" de fazerem "a apologia do crime de que os reus eram acusados", acrescentando que "a instrução do processo" (contra esses advogados, obviamente) é da nossa competência"[17].

No dia 9 de dezembro seguinte, o Promotor de Justiça, em consonância com as instruções recebidas da Pide vem "pedir a palavra para inopinadamente vir dizer que queria "examinar as contestações" e a interrupção da audiência a fim de se extrairem certidões daquelas contestações que contêm matéria criminal, para serem apensas aos autos, por terem matérias estranhas e apreciações depreciativas sobre a vida pública em Angola e invocarem um pseudo direito internacional, que é crime previsto no artº 149º do Código Penal."

Embora todos os advogados, pela voz de João Saias, se opusessem a tão absurda pretensão, ela foi deferida e a audiência foi interrompida. Regressados os juízes à sala e reaberta a audiência, veio o Promotor opor-se à aceitação pelo tribunal das contestações dos réus Agostinho Mendes de Carvalho, Garcia Lourenço Vaz Contreiras, João Lopes Teixeira, Pascoal Gomes de Carvalho Júnior, Nobre Ferreira Pereira Dias, Noé da Silva Saúde, Manuel Batista de Sousa e Manuel Bernardo de Sousa, por não virem assinadas por advogados mas pelo punho dos próprios réus, abandonados pelos seus defensores. Mas o Promotor ia mais além e mencionava que nas contestações dos réus os nossos quatro constituintes e o defendido por Almeida Valadas... "se fizeram afirmações menos verdadeiras sobre a vida política e administrativa da Província invocando um pretenso direito internacional que lhes assiste, afirma-

[16] Vide Anexo 12.
[17] Vide Anexo 13.

ções essas que sabem ser falsas ou grosseiramente deturpadas, fazendo perigar deste modo o bom-nome de Portugal".

Com tal asserção estava-se a acusar os advogados que tinham subscrito essas contestações da prática dum crime que vinha previsto no artº 149º do Código Penal, punido pelo artº 55º nº 5º com a pena de 2 a 8 anos de prisão maior e integrado nos crimes contra a segurança do Estado pelo que era acompanhado por todo o cortejo de punições complementares.

Em consonância o Promotor requereu que fossem dadas sem efeito as contestações assinadas pelos réus e as mesmas lhes fossem entregues e quanto às contestações assinadas pelos advogados fossem extraídas certidões e, depois riscadas todas as expressões das contestações e que as mesmas lhe fossem entregues para procedimento criminal que devia seguir por apenso e julgado conjuntamente com os autos em curso, "por questão de economia processual".

Sem embargo da viva oposição de toda a bancada de defesa, a audiência foi logo suspensa para ser retomada no dia seguinte. Reaberta a audiência, o tribunal veio decidir tal como fora requerido pelo Promotor, pelo que deu sem efeito as contestações assinadas pelos réus e ordenou que se extraíssem certidões das contestações dos réus que nos tinham confiado a sua defesa, Fernando Pascoal da Costa, Sebastião Gaspar Domingos, Joaquim Figueiredo e Armando Ferreira da Conceição, bem como da contestação de Florêncio Gamaliel Gaspar defendido por Almeida Valadas. Após o que ordenaram que fossem riscados os artigos especificados no despacho.

Para melhor se aquilatar o alcance da violência de tal decisão, há que ver como ficou o texto da defesa depois da mutilação que sofreu. Perante tal enormidade nós requeremos ao tribunal que suspendesse a audiência para podermos conferenciar com os nossos constituintes, o que foi logo indeferido bem como os outros protestos da defesa. No intervalo da audiência deslocámo-nos à Casa de Reclusão Militar onde os presos se encontravam, para podermos conferenciar com os nossos constituintes e expressar-lhes a nossa opinião no sentido de que continuar a intervir num tribunal daquele jaez era afinal pactuar com uma macabra farsa de justiça.

Consequentemente quando às 14h e 30m do dia 9 de dezembro foi reaberta a audiência, pedimos a palavra e invocando os fundamentos ditados para a ata e com plena concordância dos nossos constituintes renunciámos às procurações, pelo que deixaríamos o tribunal, sem embargo de voltarmos a intervir nos autos se fosse dado provimento aos recursos já interpostos e a interpor nos autos para o Supremo Tribunal Militar. O advogado Almeida Valadas fez idêntica declaração de renúncia, após o que nós dois nos retirámos da sala de audiência.

Como consta da ata, o tribunal mandou de novo extrair certidões destes nossos requerimentos "por ter sido grosseiramente deturpado o seu despacho" e mandou-as entregar ao promotor "para os devidos efeitos". Soubemos posteriormente que toda a carga de ameaças dirigidas contra nós dois só não foi avante porque os nossos colegas advogados que permaneceram no tribunal foram conferenciar com os juízes e ameaçaram retirar-se também do julgamento se a pretensão do promotor de nos julgar ali mesmo como réus e em conjunto com os outros presos, fosse por diante. As peripécias que se seguiram depois da nossa retirada do tribunal, embora sintetizadas na acta, espelham bem o clima que se viveu e a firmeza política assumida pelos presos manifestando a sua recusa pública em pactuar com a "justiça" que era administrada naquele recinto onde era suposto funcionar um tribunal. Como consta aliás do referido relatório, vemos que os reus por nós defendidos, depois de condicionalmente termos renunciado à sua defesa dadas as circunstâncias criadas no Tribunal Militar, eles "negaram-se a responder a qualquer pergunta, tomando atitude de completo mutismo".

Em 20 de dezembro de 1960 foi feita a leitura da sentença condenatória que abrangia todos os réus com pesadas penas de prisão a que se sobrepunham medidas de segurança por 3 anos e 6 meses e a perda de direitos políticos por 15 anos.

Como "incidentes"ocorridos nessa audiência final do julgamento do 1º Processo, o agente da Pide relata "que enquanto as famílias quase todas lastimaram, chorando e não queriam abandonar a sala...(os réus) voltando-se para o público disseram que "as famílias não chorassem, pois isto até deve interpretar-se como uma festa! O dia chegará em que tudo se resolverá, podem ter a certeza".[18]

Que o povo estava a seguir muito atentamente tudo o que se passava com os patriotas angolanos é-nos também evidenciado pela notícia de

[18] Vide documento Anexo 14.

que findo o "julgamento", foi distribuído um panfleto clandestino com o título "HOUVE JULGAMENTO EM LUANDA???!!!"[19]

No dia 20 de dezembro de 1960 foram lidas as condenações dos Réus que constam das referida ata e que se concretizaram em penas de prisão maior que foram fixadas por períodos de 10 anos a 3 anos, acrescidas de suspensão de direitos políticos por 15 anos e medidas de segurança de internamento (ou seja a prorrogação de prisão) por período indeterminado de 6 meses a 3 anos. Foi interposto recurso desta decisão para o Supremo Tribunal Militar, em Lisboa e na audiência que ali teve lugar intervieram em defesa dos réus os advogados Luís Saias e Manuel João da Palma Carlos. Importa expressar o nosso reconhecimento a estes dois advogados democratas portugueses, que quer neste quer em outros processos se dispuseram sempre que lhes foi solicitado, a intervir nas mais altas instâncias de recurso então sedeadas em Portugal, sem qualquer remuneração.

Do facto foi dada notícia pelo jornal Diário de Lisboa de 11-5-1961 que relata o início da audiência no Supremo Tribunal Militar em Lisboa, sob o título "Processo contra a segurança do Estado julgado em Luanda".

Entretanto o nosso escritório de advogada situado no 1º andar do prédio conhecido como da livraria Lello na baixa da cidade de Luanda, foi objecto de "misterioso" assalto. E algum tempo depois também a nossa própria residência sofreu furiosa investida de inoportunos visitantes cuja passagem ficou bem assinalada com gavetas tiradas dos móveis e atiradas para o chão, papéis mexidos e espalhados ostensivamente, fechaduras arrancadas, cadeados retorcidos, num espetáculo de destruição a servir de aviso e para tornar bem claro que o fim em vista não era o roubo mas a efetuação de buscas ilegais e devassas intimidativas.

Por essa razão ao deslocarmo-nos de férias a Portugal em janeiro de 1961, entendemos levar connosco o dossier respeitante aos nossos constituintes neste processo, que entregámos em Lisboa ao advogado Manuel João da Palma Carlos. Infelizmente, quando anos depois tentámos recuperá-lo já não foi possível, ficando assim perdido o duplicado da contestação por nós apresentada e que foi objecto da mencionada mutilação.

[19] Vide documento Anexo 15.

Permanecem pois ilegíveis todos os artigos truncados que na época faziam parte da defesa e que foram considerados como iconoclastas para quem defendia a perpetuidade do regime colonial e considerava como o mais grave de todos os crimes a luta dum povo pela sua autodeterminação.

O Supremo Tribunal Militar pelo seu Acórdão de 12 de março de 1961, indeferiu todos os recursos interpostos pela defesa, limitando-se a alterar a decisão tão-somente quanto à pena que tinha sido aplicada a Joaquim Figueiredo, a qual passou de 8 para 7 anos, confirmando na íntegra todas as demais penas, selando deste modo as medidas repressivas tomadas contra as alegações da defesa.

Por infelicidade o preso Joaquim de Figueiredo que nunca se restabelecera dos maus tratos sofridos na Pide, veio a falecer ainda nesse ano e não beneficiou da "relevante" diminuição da pena.

Quanto a nós sentimos também a mão pesada da Pide, pois na nossa estadia em Portugal em 1961 fomos impedidas de nos deslocarmos ao estrangeiro e quando no fim das férias quisemos regressar, tivemos conhecimento que nos estava interdito o regresso a Angola. Só meses depois, em meados de dezembro de 1961, e por interferência de terceiros, essa proibição foi levantada mesmo no momento exato em que o navio apitava no cais. Sem hesitações, e sem trazermos qualquer tipo de bagagem, subimos as escadas que nos levaram ao portaló e entrámos no navio que nos trouxe de regresso ao País.

Capítulo III
O "Segundo" Processo

Como já mencionámos, as prisões iniciadas em março de 1959, sucederam-se duma forma inextricável e em catadupa, num encadeado que parecia dar certa interdependência aos factos investigados. Mas afinal a Pide não entendeu desta forma e deu o nº 40/59 ao que ficou a constar do segundo processo. Ele começou com uma informação sobre as atividades subversivas de Ilídio Tomé Alves Machado "muito ativo nos grupos Movimento de Libertação de Angola ou Movimento de Libertação Nacional de Angola". Seria curioso investigar a quem se terão referido os processos que mediaram entre o processo nº 22/59, e que atrás descrevemos, e este a que foi atribuído o nº 40/59.

1. Sucessivas prisões

Em fins de maio de 1959 é enviado um telegrama à Direção da Pide em Lisboa em que é pedido que seja detido Ilídio Tomé Alves Machado que se deslocara para essa cidade, e em que se transcreve de novo a informação sobre a sua atividade nos grupos de libertação de Angola. Ilídio Machado foi efetivamente capturado em Lisboa em 27 de maio, enquanto que em Luanda foram presos André Franco de Sousa bem como Higino Aires Alves de Sousa. Ilídio Machado, segundo ele próprio relatou, foi sujeito à tortura da estátua durante 4 dias e 4 noites que esteve sem dormir. Para depois estar de novo outros 4 dias e 4 noites exposto à mesma tortura sem poder dormir nem por qualquer forma descansar.

Por sua vez, Higino Aires deixou-nos o relato da forma como se processou a sua prisão.

Eis como ele a descreveu:

"Fui detido às 18,30 horas do dia 31/5/959 junto ao monumento de Diogo Cão (junto ao porto de Luanda), donde fui levado para o edifício da Pide onde fui revistado... pelas 20 horas o subdirector São José Lopes ofereceu-me cerveja e sandwich de queijo e fiambre que rejeitei. Às 20,30 horas fui transportado para a prisão daquela polícia no Bairro Indígena onde fiquei à guarda do agente Neves. Como me recusasse a responder às perguntas foi estabelecido e instruído que eu não poderia dormir, sentar-me ou encostar-me. Nessas condições fiquei, sendo os agentes rendidos de 4 em 4 horas, até às 17 horas do dia seguinte... O investigador Lontrão esbofeteou-me e o subdirector Lopes fez o mesmo e aplicou-me pisadelas nas pontas dos pés. Após obterem as primeiras declarações mandaram-me para a cela, eram cerca de 19,30 horas. No dia seguinte cerca das 20 horas o subdirector Lopes veio sozinho buscar-me no seu automóvel Mercedes-Benz e conduziu-me ao edifício da Pide e ofereceu-me amêndoas que tinha numa escrivaninha ao lado da secretária... Apresentou-me uma série de envelopes endereçados à mão dizendo que continham panfletos e procurou obrigar-me a confessar... Perante a minha negativa fez-me a primeira cena de ameaças, em altos berros e gestos tétricos e foi afirmando: "A Pide é uma polícia técnica, não é a polícia do Ghana! Que havia de falar e dizer tudo o que sabia, que ainda havia de aparecer o primeiro (palavrão) que não falasse... Que ali as valentias acabavam! Perante a minha negativa, insistiu: Que eu ia ver que polícia era a Pide, que era considerada a 3ª polícia do mundo!" acrescentando: "Até o chefe do FBI ao verificar o sistema em Lisboa ficou admirado!"

Segundo relato deste preso, ao serem ditados para os autos as suas declarações elas iam sendo deturpadas e como manifestasse o seu protesto por as mesmas não corresponderem à verdade, o mesmo não foi atendido, tendo os inquiridores dito que isso não tinha importância pois o processo não seria remetido a tribunal.

No dia 1 de junho (a serem verídicas as datas exaradas nos autos) teve lugar um "raid" espetacular da Pide ao navio atracado no porto de Luanda, o African Dawn, de pavilhão americano, e aí pelo capitão do navio foram entregues à Pide volumosa documentação e diversos envelopes. Essa documentação foi descrita como sendo constituída por: uma carta endereçada a Kwame N'Krumah, no Ghana, um envelope para Matias Miguéis, em Ponta Negra, um exemplar do Jornal da Huíla de 24 de abril de 1959, 5 exemplares do panfleto "Manifesto Africano", assinado pelo Movimento para Independência de Angola – MIA, 5 exemplares do panfleto "Aos Angolanos" assinado por "Liberdade, Fraternidade e Prosperidade", 5 exemplares do panfleto "Aos Militares Angolanos" assinado pelo MIA, uma folha endereçada a Viriato Cruz, uma fotocópia do Tratado de Simulambuco, uma carta para David Nasser, uma carta endereçada a Raquel Queiroz, ao cuidado da revista "O Cruzeiro", assinada pelo MIA.

Esses documentos tinham sido apreendidos ao tripulante desse navio, Francisco Javier Hernandez, de origem cubana e de nacionalidade norte-americana, que a Pide como aliás sempre fazia, teve o cuidado de assinalar que era de raça negra.

Foram apreendidos a André Franco de Sousa os seguintes documentos: "Industrialização de Angola e a Situação da Nova Classe Operária", "Situação do Pescador Indígena", "O Contrato". [1] Estes estudos não se mostram assinados mas revelam-se de elevado valor para uma avaliação da real situação de exploração económica que se vivia no período colonial.

Sucederam-se nesse mês de junho de 1959 as prisões, tendo sido presos sucessivamente Carlos Alberto Van-Dúnem, Luís Rafael, António Marques Monteiro, Francisco Javier Hernandez. O Consulado americano fez a entrega de uma mala onde além de panfletos idênticos aos já apreendidos, se encontravam diversos cartões de visita de cidadãos angolanos. É também ordenada a prisão de Miguel de Oliveira Fernandes, primo do Cónego Manuel das Neves, que se encontrava a bordo de um navio em direção a Lisboa e que foi preso no Funchal, em 10 de junho seguinte. Entretanto em Luanda continuaram as prisões, sendo presos Gabriel Francisco Leitão Pereira, Carlos Aniceto Vieira Dias, o Liceu Vieira Dias, Francisco José Pereira Africano, depois libertado, Mário Augusto Silva, depois libertado sob termo de identidade e residência, Mário António Soares de Campos, Eduardo Correia Mendes, e António Rebelo Macedo, estes dois últimos libertados mediante caução.

Ilídio Machado e Miguel de Oliveira Fernandes foram enviados de Lisboa sob prisão no navio Timor, no dia 24 de junho, tendo chegado a Luanda em 6 de julho seguinte. Ao ser interrogado pelo subdiretor S. José Lopes, Ilídio Machado é agredido a soco. Vítimas dos maus tra-

[1] Vide documento Anexo 16.

tos sofridos, os presos António Marques Monteiro e Miguel Fernandes foram internados na Clínica Neuro Psiquiátrica nesse mesmo mês de julho.

Mesmo aí continuaram os interrogatórios feitos aos presos pela Pide. Intervieram como testemunhas nos autos José Augusto Rosales Teixeira, médico e Adelino Pereira, enfermeiro, que serviram para atestar "estarem os presos no pleno uso das suas faculdades mentais" e que tinham assinado os autos "por sua livre e espontânea vontade, livres de coação". Em concomitância com as prisões que foram efetuadas, eram realizadas de forma sistemática buscas a todos os presos tendo sido apreendidos diversos panfletos. O conteúdo destes documentos era revelador da ressonância política que acabara de ter em Angola a campanha eleitoral levada acabo pela oposição portuguesa democrática em apoio à candidatura de Humberto Delgado, cujo remate mantendo a continuação da ditadura, serviu para dissipar as esperanças dos nacionalistas angolanos numa solução negociada para a situação colonial.

António Marques Monteiro relatou ter recebido do Cónego Manuel das Neves, cuja residência se situava junto à Sé de Luanda, na baixa da cidade, um cliché da fotografia da Rainha N'Ginga. Acrescentou ter procedido à reprodução dessa fotografia em vários exemplares, os quais foram distribuídos à entrada da Igreja da Sé no dia em que o Cónego Manuel das Neves celebrou uma missa por intenção da alma da Rainha N'Ginga. Essa missa teve lugar na segunda quinzena do mês de dezembro de 1958 e ficou registada como tendo sido celebrada em intenção de Ana de Sousa, que foi o nome adotado pela Rainha N'Ginga depois de se converter ao catolicismo e de ter sido batizada.

Nas suas declarações Ilídio Machado descreve como em 1952 ou 1953, numa reunião que se efetuou no largo Ramada Curto, na cidade de Luanda, foi fundado o Partido Comunista Angolano, de que era secretário-geral Viriato Cruz e co-fundadores António Jacinto e Mário António de Oliveira.

Tal como ocorrera no anterior processo, a Pide teve o cuidado de chamar aos autos para atestarem a autenticidade das declarações dos presos e a sua obtenção de forma livre de coação, as mesmas 2 testemunhas já referidas no anterior processo, Manuel Silveira Ramos e Mário Almeida Santos, que declaram que "os autos foram assinados sem coação".

2. Documentos apreendidos

Importa determo-nos sobre o teor dos documentos e panfletos apreendidos e que foram engrossar os volumosos autos, que perfaziam um número superior a uma dezena de volumes, e que patenteiam como em escassos meses foram vividos em Angola os acontecimentos da vida nacional que assinalaram esse período histórico, e evidenciam a repercussão que dentro do país iam tendo os factos que então se viviam no contexto internacional.

O primeiro, o "Manifesto Angolano", de 1958, sem sigla de assinatura, e que terminava com as palavras "Liberdade, Fraternidade e Prosperidade", encerrava uma forte denúncia do que constituíra a campanha para a eleição do Presidente da República e o desprezo então manifestado nos debates realizados quanto à real situação dos angolanos, "chegando a afirmar que o principal problema de Angola são as estradas".

O segundo "Manifesto Africano" referia-se à conferência que acabara de ser realizada em Accra, capital do Ghana, em dezembro de 1958, reinvidicava o direito de Angola à auto-determinação e independência. Preconizava a forma de organização da luta clandestina, em pequenos grupos, os quais por sua vez, e um a um iriam formar outro pequeno grupo no máximo constituídos por 3 ou 4 elementos, sendo 1 só ligado ao setor central, e lembrando a necessidade de cotização por cada elemento do grupo. Terminava com as mesmas palavras, de ordem: "Liberdade, Fraternidade e Prosperidade", evocava o patrocínio das figuras da rainha N'Ginga e do rei N'Gola Kiluange, rematando com as palavras de incentivo do advogado angolano, natural de Benguela e à data já falecido, Amílcar Barca: "Luta até alcançares a Liberdade".

O terceiro "Manifesto Africano" fazia a denúncia do que era o órgão legislativo da colónia, o Conselho Legislativo onde para 24 europeus havia 2 nativos, desmascarava a existência de classes de cidadãos divididos em indígenas e assimilados, a falta de acesso à instrução, ao emprego, o saque sobre os direitos das terras e o aproveitamento brutal da mão-de-obra do angolano. Em todos eles era transmitida a mensagem de incitamento à luta pela independência e ainda era apontada a necessidade de se estabelecer uma organização capaz de levar a cabo essa luta.

O panfleto "Contra as Prepotências Governamentais e Imperialistas", cujo teor tinha duas versões de configuração gráfica diferente e que deve ter sido produzido no início do ano de 1959, referia-se aos acontecimentos ocorridos no então Congo Belga, denunciava uma série de actos de opressão exercida contra toda a população, a falta de liberdade de circulação, o roubo dos salários, a deportação para S. Tomé a proibição da matrícula dos "filhos da terra" nas escolas. Fazia uma violenta denúncia da discriminação a que estava sujeito o angolano como quadro da administração pública e até nas profissões mais modestas onde estava a ser substituído por europeus. Terminava de novo com a mensagem de Amílcar Barca, e era subscrito pelas mesmas palavras ordem "Liberdade, Fraternidade e Prosperidade", para no seu final advertir: "para fazer circular com muita cautela". No verso tinha escrito em kimbundo, Kisange Kia N'Gongo.

O "Manifesto Africano" que se iniciava por "O Boletim Oficial de Angola... de 4/2/1959" insurgia-se contra o despacho governamental que proibiu o uso da expressão "enclave" com referência a Cabinda, fazendo a denúncia das condições em que tinha sido elaborado e assinado o Tratado de Simulambuco, pelo qual Cabinda passara à situação de protetorado de Portugal. Nestes documentos eram chamados para a luta o angolano negro (preto ou mestiço) e o branco progressista, sendo de notar que eles já foram assinados pelo Movimento para a Independência de Angola – MIA.

O panfleto "Aos Militares Angolanos" inseria um verdadeiro alerta para a situação de discriminação dos soldados angolanos, saídos de Angola para servirem em Macau, S. Tomé e Índia e que não passavam de soldados rasos, sendo eles indígenas ou mesmo milicianos. Evocava a memória de N'Gola Kiluange, da rainha N'Ginga e de Manimulasa e vinha igualmente assinado pelo Movimento para a Independência de Angola – MIA.

O panfleto "Aos Angolanos" refere-se à repressão no ex-Congo Belga e termina com as nesmas palavras de ordem "Liberdade, Fraternidade e Prosperidade".

O seguinte panfleto "Aos Angolanos" que consideramos ser o último, foi apreendido neste processo, e que deve ter sido produzido em fins de abril ou princípios de maio de 1959, tinha como cabeçalho, de novo, a mensagem de Amílcar Barca: "Luta até alcançares a liberdade" e outra de George Padmore, conselheiro do presidente Kwame N'Krumah: "Univos! Nada mais tendes a perder do que as correntes da escravatura". Este documento dava conta duma revolta ocorrida em outubro de 1958, que fora duramente reprimida e a que se seguiram as prisões e subsequente deportações para o desterro no sul de Angola, (Moçâmedes, Baía dos Tigres ou Porto Alexandre) de 24 angolanos, entre os quais se encontrava uma mulher com uma filha de colo, que depois de maltratada foi enviada e deportada. Vinha ainda trazer a público a denúncia das prisões dos patriotas presos em fins de março, Lucrécio Mangueira, António Pedro Benge, todos eles chefes de família que deixaram ao abandono. Volta a repetir sobre a forma de organização da luta em pequenos grupos e na necessidade do pagamento de uma cota mensal, terminava com as mesmas palavras de ordem: LUTEMOS PELA LIBERDADE-FRATERNIDADE E PROSPERIDADE.[2]

Mas importa atentar no facto de que outros panfletos que foram atribuídos aos presos do processo da Pide nº 47/59, o "terceiro" processo, com os títulos "Grito de Guerra" e "Ameaça Psicológica", e que se mostravam assinados pelo Movimento de Libertação Nacional de Angola, foram também apreendidos a presos deste processo, que foram acusados de integrarem este Movimento e de reproduzirem e distribuírem estes mesmos panfletos.

3. A extensão do MIA

Em setembro de 1959 a Pide de Luanda enviou para a Direção da Pide em Lisboa, uma certidão de "culpa tocante" relativa a Lúcio Lara, estudante, com vista à sua prisão. Em outubro seguinte, André Franco de Sousa foi restituído à liberdade mediante um despacho laudatório do seu comportamento, lavrado pelo subdiretor S. José Lopes.

Quando foram dadas por concluídas as investigações, a Pide elaborou o seu relatório final do qual destacamos o seguinte passo: "O Movimento para a Independência de Angola ainda que não chegasse a ter uma organização bem definida, como os seus dirigentes preconizavam, (organização em pequenos grupos) vê-se que ele estava a estender-se por toda a Província... Que como aqueles grupos tendiam a desenvolver-se, procurou-se agrupá-los num só de forma a torná-los mais eficientes, com uma direção capaz de fazê-los atingir os seus objetivos – a independência". No final mencionava-se que se encontravam em liberdade

[2] Vide documentos Anexos 17, 18, 19, 20, 21, 22, 23 e 24.

e sem terem sido presos ou ouvidos, o Padre Pinto de Andrade e o Cónego Manuel das Neves.

4. Remessa a tribunal

Estes autos só foram remetidos a tribunal em 23 de outubro de 1959, ou seja depois do "primeiro" processo nº 22/59 e do "terceiro" processo nº 47/59, de que adiante falaremos, e foi distribuído à então 3ª Vara da Comarca de Luanda. Nesse processo tive a meu cargo a defesa de Ilídio Machado, Higino Aires e António Marques Monteiro e inicialmente tive também a de André Franco de Sousa. Em janeiro de 1960 substabeleci sem reserva, no meu colega, Júlio Santana Godinho, todos os poderes que este constituinte me tinha conferido.

O tribunal proferiu o despacho de pronúncia que abrangia 18 arguidos residentes em Angola e ainda contra Matias Miguéis, residente em Ponta Negra, Laurence Holder, de nacionalidade americana e Karl Dodge de nacionalidade ganense, ambos tripulantes de navio. Não foi mantida a pronúncia contra o arguido Correia Mendes, que requerera instrução contraditória, sendo a pronúncia convertida em definitiva contra todos os demais presos.[3]

Apresentámos em defesa de Ilídio Machado e Higino Aires, um extenso requerimento em que requeríamos a expedição de cartas precatórias e rogatórias dirigidas a diversas personalidades dentro e fora do País e que tinham como objetivo fazer a prova dos factos que tinham sido objeto de denúncia nos panfletos e que igualmente constavam de documentos juntos aos autos, e que mais não faziam do que retratar a real situação vivida em Angola.[4] Por parte de quase todos os réus dos diferentes processos tinha sido constituído advogado Manuel João da Palma Carlos que se esperava viesse a Angola participar nos julgamentos e que deveria acompanhar a inquirição das testemunhas residentes em Portugal. Mas o nosso requerimento foi rejeitado pelo juiz.

Ao indeferir esse nosso requerimento o juiz, João Mendes Correia de Paiva, lavrou um longo despacho em estilo de advertência, no qual se afirmava que a matéria sobre que fora requerida a prova era "vastíssima e verdadeiramente impertinente para a defesa dos réus... Não se dis-

[3] Vide documento Anexo 25.

[4] Vide documento Anexo 26.

cutem direitos dos indígenas, nem conflitos de raças. O Tribunal da 3ª Vara é um tribunal comum, não é especial nem político... Para o Tribunal o presente processo é exatamente como qualquer outro e tem forçosamente que se afastar dele a paixão política dos réus ou de outras pessoas, que perturbando a serenidade necessária, só pode redundar em prejuízo dos réus e em desprestígio para a justiça... os Senhores Advogados ao prepararem as contestações devem manter-se rigorosamente dentro dos melhores e únicos princípios de técnica jurídica, evitando trazer para o julgamento matéria política..."[5]

Para os representantes da defesa dos acusados o tribunal pretendia deixar bem claro quais os limites que lhes seriam impostos pois o tribunal usando dos seus poderes de direção da discussão da causa, não iria permitir que se fosse em busca da verdade dos factos subjacentes à conduta dos acusados, evidenciando o deliberado propósito de branqueamento da repressão política contida em toda a ação da Pide e do sistema colonial.

Interpusemos recurso deste despacho de indeferimento e simultaneamente requeremos a junção aos autos de um exemplar da Declaração Universal dos Direitos Humanos. Contra tal pedido de junção veio opor-se o representante do Ministério Público. Tinha sido ordenada a notificação dos réus ausentes e os autos aguardavam o decurso do prazo de 60 dias que fora fixado para esse efeito. Inopinadamente e em simultâneo com o que se passara no "primeiro processo" foi lavrado um despacho em 4 de janeiro de 1960, em que foram "repescados" os Decretos nºs 32 832, 36 090 e 39 299 chamando-se para eles a atenção do Ministério Público para quem os autos foram desde logo remetidos.

Segundo tudo indica, alguém alertara os magistrados dos tribunais comuns para essa legislação especial e de que nem a própria Pide se lembrara, à sombra da qual poderia ser atribuída a competência a um tribunal especial, o tribunal militar, para julgar os processos políticos. Foi assim que numa tão extensa quanto confusa promoção em que foram trazidos à luz decretos num emaranhado quase incompreensível, veio o Ministério Público deduzir a exceção de incompetência absoluta do tribunal e requerer a remessa dos autos para o Tribunal Militar Territorial.

[5] Vide documento Anexo 27.

Notificada do despacho que deferia a promoção do Ministério Público logo dele e dentro do prazo legal interpusemos recurso para o Tribunal da Relação de Luanda. Mas o nosso requerimento foi indeferido por um despacho em que "seraficamente" se informava que o processo já se não encontrava pendente no tribunal pois fora já remetido para o tribunal militar. Tratou-se duma manifesta violação do direito de recurso, que apesar de tudo a lei de então ainda consagrava, sendo a mesmo reveladora do indisfarçado propósito do tribunal se livrar dum processo incómodo e perturbador.

Apesar de tudo e de acordo com a lei de processo, deduzimos uma reclamação junto do Presidente do Tribunal da Relação de Luanda no sentido de que o recurso devia ser admitido.

O despacho que recaiu sobre essa reclamação reconheceu que tinha sido cometida uma irregularidade, mas que a mesma estava sanada (?) e, porque o processo tinha sido remetido para o tribunal militar que não era um tribunal comum, o Tribunal da Relação não lhe podia ordenar a admissão do recurso.

5. O tribunal militar

Mercê deste estratagema este processo, que era o segundo em ordem cronológica, foi o primeiro que deu entrada no Tribunal Militar Territorial, onde tomou o nº 34/60.

É curioso assinalar que já depois dos autos terem sido remetidos para o Tribunal Militar Territorial, o preso Francisco Javier Hernandez "desapareceu" do número dos réus. Segundo informação dirigida ao chefe de gabinete militar do Comando das Forças Armadas e subscrita pelo subdiretor da Pide em Lisboa, Porto Duarte, Hernandez tinha sido preso em maio de 1959, juntamente com Isaac Silvestre Leon e acrescentava-se: "Provaram-se integralmente as atividades como agente de ligação entre núcleos revolucionários no momento existentes na Província e alguns focos de subversão e governos estrangeiros."

Mesmo assim o preso foi restituído à liberdade mediante termo de identidade e residência e depois, mercê de diligências levadas a efeito pelas autoridades americanas junto do Governo Central (ou seja em Lisboa) o mesmo foi autorizado a deixar Angola, embarcando no navio African Glade com destino ao seu país. Que dizer de tal operação, terá ela sido fruto do poder da diplomacia norte-americana ou do receio das autoridades portuguesas da ressonância que pudesse advir de levar a julgamento cidadãos estrangeiros em processo de tal melindre? A verdade é que a "justiça" militar não se importou com esse deslize processual que afinal dizia respeito a um preso que passara a estar sob sua jurisdição.

Já no Tribunal Militar Territorial prosseguimos os mesmos objetivos da defesa. Na verdade, por parte dos nossos constituintes e em especial de Ilídio Machado, tínhamos recebido valiosa documentação que evidenciava com toda a plenitude, a discriminação que tinha as suas raízes na própria situação colonial, agravada com a repressão da polícia política. Apresentámos pois novo requerimento em que se procurava demonstrar a falta de liberdade de associação, designadamente pelo facto comprovado de ter sido rejeitada a eleição de Ilídio Machado para os órgãos sociais da Liga Nacional Africana.

Em defesa de Higino Aires e para provar a existência das deportações sem julgamento, requeremos a expedição de cartas precatórias para inquirição respectivamente de Goodfrey Abissalon Nangonjo, com residência fixa em Pereira D'Eça, hoje Ondjiva, e de Manuel Sebastião Gaspar Gomes, com residência fixa em Porto Alexandre, hoje Tômbua. Essas testemunhas deveriam trazer ao tribunal a prova de como era coartado o direito à livre circulação de pessoas dentro do território nacional, bem como o direito à livre escolha do local de residência, medidas que eram tomadas por mero despacho administrativo do Governador-Geral.

Contra este nosso requerimento o promotor de Justiça, Lucindo Lopes veio opor-se "com veemência", e por sua vez o juiz desse processo Norberto de Andrade, no seu despacho sobre a matéria considerou "impertinente" a diligência e de seguida advertiu: "Não será consentida nos autos discussão de matéria social ou política. Ela é de todo estranha à acusação e portanto sê-lo-á também à defesa". Repetia-se mais uma vez a posição de quem estava investido da alta missão de julgar, de mistificar o que era evidente, de que se estava a julgar um processo político cuja amplitude transcendia os factos sob apreciação para abranger todo o sistema colonial que prevalecia na opressão sobre o povo angolano.

Sem explicação plausível este processo que fora como vimos, o primeiro a dar entrada no tribunal, ficou sem ser julgado durante todo o ano de 1960, só tendo sido efetivado o julgamento em novembro de 1961.

Entretanto, como já referimos, tínhamos saído de Angola em janeiro desse ano de 1961 e em junho fôramos informadas de que estava interdita a nossa saída de Portugal. Fomos pois impedidas de estar presente no julgamento, uma vez que só em meados de dezembro conseguimos regressar.

Dos 19 acusados inicialmente pelo Tribunal da 3ª Vara de Luanda só vieram a responder 11 acusados no Tribunal Militar Territorial e que foram respetivamente Ilídio Machado, André Franco de Sousa, Higino Aires, Carlos Aniceto Vieira Dias, o "Liceu", Carlos Alberto Van-Dúnem, Luís Rafael, Amadeu Amorim, Mário Campos, António Monteiro, Miguel Fernandes e Gabriel Leitão.

Como juiz auditor já não se encontrava José Roque Gonçalves Costa, com quem se tinham passado todas as ocorrências relatadas no julgamento anterior do Processo nº 41/60, mas o juiz José Martins Jacinto. Intervieram como advogados de defesa, Júlio Santana Godinho, Augusto Penha Gonçalves, Diógenes Boavida, João Gonçalves Saias e Joaquim Mendes. Este advogado na 1ª audiência renunciou à procuração que lhe fora conferida por Gabriel Leitão.

A sentença condenatória procurou fazer uma análise doutrinária das disposições pertinentes do Código Penal no que dizia respeito à qualificação jurídica da organização Movimento para a Independência de Angola. Definiu-a como constituindo o substrato de uma pessoa coletiva, por ser composto por uma pluralidade de indivíduos que estavam agrupados e colaboravam entre si. Que ela tinha em vista um determinado escopo, a independência de Angola, fim determinado e comum, mas ilícito. Continuando a analisar os factos constantes dos autos, entendeu que os atos praticados pelos réus eram meros atos preparatórios e como tal eram de integrar no §1º do artº 173º do Código Penal, porque se entrassem no domínio da tentativa então teriam que ser integrados no crime previsto no nº 1º do artº 138º, pelo qual aliás chegaram a ser pronunciados pelo tribunal comum.

Desta análise resultou que as penas aplicadas foram comparativamente mais brandas do que as penas aplicadas no julgamento do processo anterior, tendo-se dado por cumpridas totalmente as penas de alguns dos acusados. Ao dosear as penas, o tribunal teve em consideração o comportamento de 3 dos réus, designadamente André Franco de Sousa, Luís Rafael e Miguel de Oliveira, que confessaram pelo menos em parte, as suas atividades e se mostraram arrependidos. Quanto aos restantes entendeu-se que eles se mantiveram num silêncio comprometedor... o que manifestava uma persistência nas suas ideias e o que era pior, inteira concordância com os atos subversivos praticados.

A sentença teve ainda em conta diversas circunstâncias atenuantes entre as quais a situação de prisão preventiva que ultrapassara mais de 2 anos, e deu como verificada a ausência de circunstância agravantes, o que levou o tribunal a fazer uso da faculdade de atenuação extraordinária da pena nos termos do artº 94º nº 1º do Código Penal.

Não foram aplicadas medidas de segurança aos mencionados 3 réus, pelo que dois deles, Luís Rafael e Miguel Fernandes, foram mandados restituir à liberdade e alguns dos outros réus entraram logo no cumprimento das medidas de segurança.

Os autos subiram em recurso ao Supremo Tribunal Militar, que desatendeu os recursos que tínhamos interposto no decurso do processo. Ao apreciar o recurso relativo ao despacho que desatendera o pedido de envio das cartas precatórias e rogatórias para a inquirição de testemunhas, esse tribunal adiantou: "Os factos nelas interessados não eram somente estranhos ao pleito. Projetava-se sem justificação para a defesa como tal, abrir discussão, fazer arruído, desenvolver críticas em matéria de administração ultramarina, pelo que o despacho que as indeferiu agiu com acerto".

Depois de tecer elogios ao brilho, propriedade e ponderação da decisão, o Acórdão menciona: "perante a excecional gravidade do crime, a que o tempo entretanto decorrido tão desastrosa e exuberantemente vem demonstrando, resulta claro que o tribunal recorrido teve a preocupação de... realizar o julgamento à margem de influências injustificadas ou resultados já então infelizmente a descoberto..." O Acórdão fazia aqui uma clara referência aos acontecimentos ocorridos no dia 4 de fevereiro e ao subsequente início da luta armada em Angola. O referido Acórdão remata considerando as condenações da 1ª instância "ostensivamente benévolas" mas termina por as confirmar. Os condenados, porém, ficaram sujeitos às medidas de segurança que se iriam encarregar de emendar a mão à "benevolência" do tribunal.

Capítulo IV
O "Terceiro" Processo

As sucessivas prisões ocorridas no mencionado ano de 1959, foram prosseguindo de forma ininterrupta e a sua lógica era difícil de acompanhar para quem estava de fora, sendo necessário pois ter em conta que a arrumação dos presos nos respetivos processos foi operada segundo o critério da polícia instrutora que habilidosamente procurava "baralhar" os dados, não só para ocultar as pistas que tinham sido seguidas, mas ainda por razões de natureza política.

1. Cronologia das prisões

Da configuração material dos autos deste processo, a que a Pide atribuiu o nº 47/59 resulta que a primeira prisão efetuada foi a de Mário Guerra, em 14 de julho de 1959. Foram-lhe apreendidos os panfletos com os títulos "Grito de Guerra", "Ameaça Psicológica" e "Nenhum Preso deve sair de Angola", os quais lhe teriam sido entregues por Hélder Neto. Hélder Neto foi preso em 15 de julho e em 23 de julho foi a vez do engenheiro António Alexandre Calazans Duarte. Nesse mesmo dia foram ainda presos António Dias Cardoso e José Mateus Vieira da Graça (Luandino Vieira). Os panfletos apreendidos neste processo foram respetivamente "Recompensa ao Vendido Agnelo Paiva" que terá sido recompensado pela sua colaboração com o governo colonial na sua intervenção na Liga Nacional Africana, com a atribuição dum cargo público. Alertava "contra os traidores e contra aqueles que se põem ao lado do inimigo". Vinha assinado pelo Movimento de Libertação Nacional[1].

[1] Vide documentos Anexos 28, 29, 30, 31 e 32.

O panfleto "Grito de Guerra" alertava para a intervenção do governador na inauguração da carreira de tiro e a preparação armamentista com a vinda da força aérea e a criação de milícias por parte do governo colonial. Denunciava o apoio aos grandes monopólios capitalistas europeus. Tinha igualmente a assinatura do Movimento de Libertação Nacional. O panfleto "Ameaça Psicológica" punha em evidência a discriminação existente e de miséria em que se encontrava o povo angolano e incentivava à luta pela independência. Terminava com a exigência da libertação dos presos do"Primeiro Processo", acrescentando o nome doutros presos. O panfleto "Lutemos pela Liberdade" denunciava a prisão dos patriotas do "1º Processo" iniciada em março, num domingo, de madrugada e apelava à ajuda às famílias dos presos.

O panfleto "Nenhum Preso Político de Angola deve sair de Angola" levantava veemente protesto contra a odiosa ação da Pide e a posibilidade do governo colonial querer transferir os presos para a então "metrópole" para ocultar internacionalmente o facto da sua detenção e esconder o falhanço da propaganda da "política de integração" do governo colonial, terminava proclamando "Abaixo o campo de concentração do Bié" alertava para os traidores e informadores. Vinha assinado pelo Movimento de Libertação Nacional de Angola[2].

O engenheiro Calazans Duarte após interrogatório que se prolongou por vários dias, aceitou ter participado na feitura dos panfletos "Lutemos pela Liberdade", "Grito de Guerra", "Ameaça Psicológica", "Nenhum Preso Político de Angola deve sair de Angola". Para afiançar a "lisura" na obtenção das declarações do preso aparecem mais uma vez como testemunhas os prestimosos funcionários administrativos, Manuel Silveira Ramos e Mário Almeida Santos a declarar estarem as mesmas "conformes e que o preso as ratificou e assinou voluntariamente sem que sobre ele tivesse sido exercida qualquer coação".

No dia 25 de julho cerca das 17 horas foi a vez de José Luciano Corte Real Vieira de Meireles, que a Pide foi prender com todo o aparato, na sede da Sociedade Cultural de Angola que funcionava na Calçada de Santo António, em Luanda.

A direção da que era a mais prestigiada associação cultural da época, pelo seu Conselho de Direção composto pelo então Vice-Presidente

[2] Vide documento Anexo 31.

Humberto Duarte Fonseca, pelo Secretário Fernando Octávio Portugal Brandão Estrela e Vogal Maria Julieta Gandra, endereçou no dia 26 de julho seguinte, ao Secretário-geral de Angola, um ofício apresentando o seu protesto contra a invasão do seu centro cultural por agentes da Pide e pelo facto de ter sido escolhido precisamente aquele local para efetuar a prisão dum dos associados a qual se operou na presença de outros sócios.[3] O Secretário-geral que recebeu a carta, de forma solícita limitou-se a remetê-la... ao diretor da Pide. Essa carta veio a ser junta aos autos em 12 de agosto seguinte e sobre ela o subdiretor da Pide adiantou:

> "Se houvesse a intenção de escolher a sede da Sociedade Cultural de Angola para efectuar a prisão com esse determinado propósito teriam sido presos os outros elementos do "MINA" todos eles sócios e dirigentes daquela sociedade, inclusive a arguida Julieta Gandra, a capturar oportunamente".

No dia 28 de julho é capturado o arquiteto António Guilherme de Matos Veloso que entretanto saíra de Luanda com a sua família e estava a residir em Lourenço Marques, hoje Maputo, capital de Moçambique. Em 5 de agosto foram capturados Manuel dos Santos Júnior e António José Contreiras da Costa. Seguiu-se a prisão de Francisco Arnaldo Assis Machado que foi depois restituído à liberdade e em 24 de agosto seguinte foi presa a médica Maria Julieta Gandra, que seria a última pessoa a ser presa e levada a julgamento nesta leva de prisões.

Foi ela a primeira e única mulher que foi presa e posteriormente submetida a julgamento, nestes processos políticos desencadeados em 1959. Numa atitude de invulgar coragem moral, ela recusou-se a prestar qualquer declaração durante todo o decorrer do processo não tendo a Pide conseguido dela qualquer depoimento. Para a futura agravação da pena de que foi alvo, esse facto não foi despiciendo para os julgadores. Foram entretanto libertados José Mateus Vieira da Graça e Hélder Neto e foram mandadas extrair certidões para procedimento criminal contra António Dias Cardoso, Adolfo Maria Rodrigues e Manuel Myre Dores.

[3] Vide documento Anexo 33.

2. Quem eram os presos políticos

Após a mera enunciação que temos vindo a fazer dos nomes dos presos destes processos, cremos ser indispensável determo-nos sobre as próprias personalidades sobre quem recaiu a sanha de perseguição da Pide e o resultado que as suas prisões produziram em todo o tecido social angolano, muito embora tenham decorrido mais de 4 décadas sobre esses acontecimentos.

A sociedade angolana deparava-se pela primeira vez com os métodos praticados pela polícia política, com presos incomunicáveis e sujeitos a tortura, representando uma nova e poderosa força contra a qual havia que usar doutras formas de resistência e que para ser enfrentada impunha que se procedesse a um levantamento organizado contra o sistema colonial. Tudo isto se repercutiu por Angola inteira. Acrescia que as centenas de pessoas que foram sendo presas eram muitas delas de grande prestígio no respetivo meio social, e constituiam uma elite dirigente, com verdadeira implantação de raiz que abrangia desde os mais idosos aos mais jovens, tendo quase todos uma preparação intelectual de destaque. O elenco das testemunhas arroladas em defesa dos réus, o conteúdo dos seus depoimentos altamente abonatórios, mas que a natureza meramente oral do julgamento militar não permitiu fixar, os abaixo assinados em defesa dos acusados, demonstravam a relevância da sua implantação social.

Sem receio de exagerar, podemos adiantar que esses acontecimentos que assinalaram o reafirmar da consciência do povo angolano para a necessidade de encetar uma luta organizada pela independência, produziram um abalo estrutural que se iria refletir na própria essência da sociedade colonial e em nosso entender foram causa detonante da reação em cadeia dos acontecimentos históricos que se lhe seguiram.

3. Solidariedade

Como já referimos, foi altamente significativo o comportamento demonstrado pelas famílias dos presos e pelo meio social. Sem embargo da maior parte dos presos serem chefes de famílias numerosas, as quais ficaram em situação extremamente difícil com a prisão do seu principal esteio económico, atiradas para uma situação dramática, a reação que se produziu foi de forte solidariedade, o que permitiu estabelecer um círculo de proteção em seu redor. De primordial importância no desenrolar dos factos, foi ainda a posição corajosa assumida pelas mulheres e familiares dos presos que se puseram ao lado de seus maridos e parentes, adotando uma posição clara de apoio moral e de protesto contra a repressão. Ao apreciarmos agora em retrospetiva não podemos deixar de avaliar como foi digna de louvor a atitude daquelas mães de família, cuja situação económica ficara seriamente abalada e que, como o futuro veio a demonstrar, encontraram forças para manter as suas casas com dignidade e prosseguirem com a educação dos seus filhos.

À volta dos presos políticos e suas famílias estendeu-se um movimento de solidariedade composto de diversas formas: coletas em dinheiro, ofertas de bens pelo Natal aos filhos dos presos, apoio com produtos de alimentação e vestuário, prestação de serviços profissionais de médicos, advogados e enfermeiros, etc. De destacar o trabalho que foi desenvolvido por Arminda Faria, que viria pouco depois a ser igualmente presa, por Maria da Luz Veloso, mulher do preso António Veloso, Inês Meireles, mulher de José Meireles e por nós próprias, bem como por muitas outras pessoas. Toda a contribuição era prestada de forma o mais discreta possível para não suscitar os ódios da Pide e das demais autoridades.

Havia ainda outro fator que suscitava grande irritação à Pide e que era o facto de findo o longo período de incomunicabilidade, ver acorrer às horas de visitas aos presos centenas e centenas de pessoas, todas bradando em alta voz o seu parentesco muito próximo com os presos e reclamando ser incluídas nas autorizações de entrada.

Por tudo isto os presos tinham bem a consciência de que se não encontravam sós. Isso aliás ficou demonstrado pelo próprio teor dos panfletos que foram sendo trazidos aos processos instaurados pela Pide, em que a vaga de sucessivas prisões foi objeto de denúncia e de protesto em novos panfletos.

4. O histórico "Processo dos 50"

Sob o ponto de vista meramente formal este "terceiro" processo marcou o final dos processos políticos que a história iria designar como "o processo dos 50". Sabemos que foi graças a Joaquim Pinto de Andrade, que enviou para fora de Angola o relato do que se passava com a prisão dos patriotas angolanos e a publicação feita por Mário Pinto de Andrade que correu mundo, que ficou para sempre consagrada a menção do "Processo dos 50" que numa abrangência fraternal e política, englobava todos os presos num único processo e representou a denúncia internacional do que se passava em Angola. A publicação deste histórico folheto constitui em si um verdadeiro rastilho no meio internacional e conseguiu levar para além fronteiras a denúncia do que se passava dentro de Angola e que mercê da total censura que vigorava durante a ditadura salazarista, se queria abafar em mortal silêncio. Em julho de 1960 uma delegação da Frente Revolucionária Africana para a Independência Nacional-FRAIN, que era integrada por elementos do MPLA, do PAI (Partido Africano para a Independência, mais tarde Partido Africano para a Independência da Guiné e Cabo Verde) e pelo MLSTP (Movimento de Libertação de S. Tomé e Príncipe) e cujo objetivo era coordenar a ação destes Movimentos das colónias portuguesas a nível internacional, efetuou uma conferência de imprensa na Câmara dos Comuns em Londres. Essa delegação da FRAIN era chefiada por Amílcar Cabral e fez a denúncia pública do que se estava a passar em Angola.

Ao formular a informação final sobre as operações policiais levadas a cabo, o subdiretor da Pide em Luanda, Aníbal S. José Lopes, endereçou um longo ofício ao diretor-geral da Pide em Lisboa, em que resumia as investigações em curso relativas aos grupos que, segundo ele, constituíam o Movimento de Libertação Nacional de Angola:

> "A investigação preparatória do processo-crime relativo ao grupo ELA encontra-se quase concluída, faltando apenas capturar 6 dos seus elementos... e proceder a algumas diligências no interior da Província".
> Deu-se início a outro processo no qual o principal arguido é o mestiço Ilídio Tomé Alves Machado (...) elemento de grande responsabilidade (...) (que) abordou elementos de outros "grupos" no sentido de se constituir um só "movimento" subordinado a um "sector central". Um dos últimos panfletos anunciava a fusão do "Movimento de Libertação de Angola" com o "Movimento de Libertação Nacional" dando lugar a "Movimento de Libertação Nacional de Angola".

E mais tarde, atendendo a solicitação do Ministério dos Negócios Estrangeiros que viera canalizada através do Ministério do Ultramar, acrescentará:

> "Encontram-se detidos à ordem do Tribunal da Comarca de Luanda 42 indivíduos brancos e de cor, aguardando julgamento, acusados de crimes contra a segurança exterior do Estado. (...)

O primeiro processo conta com 20 arguidos, todos de raça negra, e respeita ao "Movimento de Libertação de Angola". (...)
O segundo trata de outra associação clandestina denominada "Movimento para a Independência de Angola" e compreende 15 arguidos presos, mestiços e negros, entre os quais um originário de Cuba, naturalizado americano. (...)
O terceiro refere-se a outro grupo que se chamava "Movimento de Libertação Nacional de Angola" e inclui 3 brancos naturais da Metrópole, 2 brancos naturais de Angola, 1 mestiço e 1 negro..."

Esta descrição pontual feita pela Pide neste seu relatório, é reveladora da preocupação de escalonar os presos arrumando-os por critério rácicos e até por lugares de nascimento.

A verdade histórica e que constitui um feito assinalável, é que a luta foi desencadeada por quem se considerava angolano, independentemente do seu lugar de nascimento e da sua raça ou etnia, e foi estruturada em diversas convicções políticas e crenças religiosas, como católicos, protestantes e ateus, mas todos irmanados na luta pela Independência e ainda por aqueles que embora doutras nacionalidades, se solidarizavam com a sua luta.

Fazendo o cômputo dos factos descritos na acusação e do teor dos documentos então apreendidos, retira-se a avaliação de quanto foi arbitrária a divisão dos presos pelos 3 processos, pois ficou evidenciada a interligação entre os diferentes grupos pela apreensão dos diversos panfletos a presos de diferentes processos, do mesmo uso das mesmas siglas e sobretudo pelo facto de se encontrar em marcha todo o processo de formação de um "setor central" de coordenação que viria a alarmar as cúpulas da Pide.

Sem querermos adiantar conclusões que outros com maior conhecimento da verdade dos factos podem trazer, cremos que podemos classificar a técnica da luta usada pelos patriotas angolanos sobretudo a partir da década de 50, como a de agir por pequenos grupos de acção clandestina, que de forma gradual se iam alargando de bairro em bairro, de cidade em cidade, de quimbo em quimbo, com maior ou menor intensidade, por todo o país. Dentro de uma técnica de auto-defesa agiam em células fechadas (ao que parece de 3 ou poucos mais elementos), com um único elemento de ligação, o que se revelava indispensável para proteção contra os elementos que procuravam infiltrar-se dentro da organização. Esta forma de organização da luta clandestina foi designada como "técnica de rede" que se ia estendendo por todo o País e procurava impedir que destruída uma célula isso fosse atingir a restante estrutura.

Simultaneamente esses grupos tinham "antenas" que os interligavam e conheciam a existência uns dos outros e estabeleciam interajuda nas respetivas acções. Todos eles se irmanavam na luta comum contra o jugo colonial, de forma mais ou menos explícita e de acordo com a formação e consciência política de cada um. Havia assim uma caudalosa série de regatos e ribeiros a "deslizar para um grande rio" que em breve se iria formar.

Daí todo o oportunismo político que resultou da divisão dos presos por 3 distintos processos, um de presos predominantemente de raça negra, outro predominantemente de mestiços e o terceiro com maioria de brancos! Também ardilosamente se procurou "repartir" o número dos réus, pois se deve ter entendido que divididos os presos por 3 processos, o caso passaria mais despercebido dentro e fora do País, do que teria ocorrido caso levassem as dezenas de réus de uma só vez a tribunal, desmascarando a tese da "bondade" do sistema de integração colonial cujo sucesso era apregoado pelo regime.

5. Remessa a tribunal

Este "terceiro" processo foi enviado a tribunal em outubro de 1959, e nele foi deduzida querela provisória contra 8 réus, tendo sido ordenada a recaptura de Hélder Neto e José Graça.[4] Seguindo a sua política de separação racial, os presos brancos deste processo tinham sido levados para a prisão da Estrada de Catete. Em 31 de outubro foi lançada nos autos a informação: "Não há lugar para mais presos na 4ª Esquadra..." pelo que nesse mesmo dia José Graça foi conduzido para a Casa de Reclusão Militar onde se encontravam os presos dos dois outros processos. Porém ao ser proferido o despacho de pronúncia definitivo foi decidido diferentemente no que dizia respeito ao réu José Graça, mandando-se que "os autos ficassem a aguardar a produção de melhor prova" pelo que não foi então levado a julgamento. A Pide encarregou-se posteriormente de "emendar" o erro do tribunal, organizando quanto

[4] Vide documento em Anexo 34.

a este preso e a António Jacinto e António Cardoso o processo cujo julgamento ocorreu em 1963 e iria ficar na história como aquele em que foram aplicadas aos réus as penas mais pesadas a presos políticos angolanos.

Nesse terceiro processo nós não interviemos como advogada de defesa de nenhum dos réus e por uma questão de cautela. Sucedera que no ano de 1958 em que decorreu a campanha eleitoral para a Presidência da República de Arlindo Vicente e Humberto Delgado, nós tínhamos tomado nela parte bastante ativa em toda a campanha conjuntamente com outros diversos apoiantes.

Hélder Neto à data ainda de menoridade penal, pois tinha apenas 19 anos, era um jovem finalista do Liceu, que estivera sempre muito empenhado em todas as tarefas políticas, além de se ter mostrado um profundo conhecedor do meio. Depois nós dois tínhamos trabalhado em comum na candidatura do professor do Liceu, Heliodoro Frescata, que de seguida foi apresentada para vereador da Câmara Municipal de Luanda. Ligavam-nos fortes laços de amizade e uma grande comunhão de ideias, razão pela qual de comum acordo, combinámos que seria mais prudente que nós não tomássemos parte no processo como sua advogada e interviéssemos simplesmente como sua testemunha de defesa, como aliás veio a acontecer.

Depois da remessa dos processos a tribunal e pela primeira vez, a imprensa da época, o jornal diário "Província de Angola", referiu-se à sua existência, publicando de forma sibilina e dentro das suas páginas interiores, em letra de pequeno formato, uma notícia que vem datada de 21 de dezembro de 1959. Nela vinha mencionado que, pelos tribunais comuns da 1ª, 2ª e 3ª Varas, foram proferidos os despachos de pronúncia definitiva por atividades contra a segurança exterior do Estado, contra os réus ali indicados, aditando-se ainda os nomes dos advogados constituídos e dos defensores oficiosos.[5] Em 23 de janeiro de 1960, o mesmo jornal veio publicar uma curta notícia que dava conta do envio ao Tribunal Militar Territorial da "Província" dos processos respeitantes às atividades subversivas contra a segurança exterior do Estado, e nesse mesmo dia o vespertino ABC, em notícia publicada, procurava averiguar o que se passara quanto à dedução pelo Ministério Público

[5] Vide documento Anexo 35.

da exceção de incompetência do tribunal comum e consequente envio dos processos respeitantes a atividades contra a segurança do Estado ao Tribunal Militar Territorial de Angola, acrescentando que 2 dos advogados haviam interposto recurso para o Tribunal da Relação.[6] Depois de feita a denúncia internacional sobre a repressão exercida sobre os patriotas angolanos, a escuta da Pide à Rádio Brazzaville menciona que em Luanda estão a decorrer no Tribunal Militar os julgamentos e que foram feitas prisões em Luanda e arredores por indivíduos acusados de atividades subversivas, entre eles o Dr. Agostinho Neto.[7]

Paradoxalmente este "terceiro" processo, o último a ser intentado pela Pide, foi o primeiro a ficar pronto para julgamento no tribunal militar, onde lhe fora atribuído o nº 45/60, e o julgamento teve início em finais de julho de 1960. O facto é noticiado pelo jornal ABC que reporta o decorrer da audiência de prosseguimento do julgamento, a que assistiu "numeroso público", e o protesto dos advogados de defesa pelo facto do impedimento posto à vinda do advogado dr. Palma Carlos para estar presente na defesa dos réus. É ainda relatado que o réu Calazans Duarte ao prestar declarações fez uma longa explanação sobre a situação económica e social de Angola, o que foi alvo de protesto por parte do Promotor de Justiça.

Intervieram neste processo como advogados Eugénio Ferreira, Diógenes Boavida, José de Almeida Valadas, Ruy de Pádua e João Saias.

6. Proibição da vinda de Palma Carlos

Além destes advogados constituídos em Angola, os presos dos 3 processos, na sua maioria, tinham ainda conferido procuração ao advogado Manuel João da Palma Carlos, que em Portugal se notabilizara pela forma notável e desassombrada como se apresentava a defender os presos políticos portugueses que aos milhares iam sendo levados aos famigerados Tribunais Plenários de Lisboa e Porto. Tratava-se dum advogado brilhante e muito sabedor, com experiência acumulada na defesa das vítimas do fascismo em Portugal.

Na correspondência que trocávamos, com as devidas cautelas que a censura à correspondência impunha, íamos-lhe dando conta do desenrolar dos processos e recebendo os seus pareceres sobre as falhas da acusação

[6] Vide documento Anexo 36.

[7] Vide documento Anexo 37.

e erros processuais. Ao ter sido anunciada a data da realização do primeiro julgamento, demos-lhe conhecimento do facto para que ele se deslocasse a Angola para participar na defesa dos presos, o que ele logo aceitou.

Em 23 de julho de 1960, ao querer embarcar para Angola, foi proibido de o fazer por imposição da Pide. Ao termos notícia de mais essa arbitrariedade que vinha prejudicar o direito de defesa dos presos, a indignação foi grande, tendo sido resolvido que se iria protestar publicamente contra tal violência. Os familiares e amigos dos presos políticos juntaram-se num grupo de cerca de 100 pessoas e resolveram dirigir-se ao edifício do Governo-geral, a fim de ali serem recebidos e pedir que aquela autoridade interviesse contra a decisão tomada pela polícia política.

Mas no Governo-geral nenhuma porta se abriu para receber a delegação dos familiares dos presos que pretendia ser recebida. Quando se iniciou a audiência de julgamento os advogados presentes requereram que ela fosse adiada dada a falta do seu colega que contra a sua vontade, não podia intervir também na defesa dos réus. O tribunal decidiu desde logo que não havia que adiar o julgamento. A máquina da repressão estava bem oleada.

Como advogada comum de diversos presos, enviámos em 26 de julho seguinte, ao nosso colega Manuel João da Palma Carlos um telegrama em que lhe dávamos conhecimento destas ocorrências. Nesse mesmo dia foi-nos enviado um ofício assinado pelo Chefe da Estação Rádio Telegráfica de Luanda, que nos informava que "O telegrama para o Dr. Palma Carlos não seguiu por não corresponder à verdade a frase «Famílias presos solicitaram audiência Governador sem êxito», conforme informação recebida do governo-geral da Província».

O julgamento foi pois assim iniciado, sendo que todos os presos vieram alegar que as suas confissões tinham sido obtidas mediante torturas diversas e coação, desprovidos de qualquer advogado de defesa, ou mero defensor, acrescendo que a falta do advogado Palma Carlos se traduzia em mais um grave prejuízo para a defesa. Foram produzidos vários requerimentos prontamente desatendidos pelo tribunal e foram interpostos sucessivos recursos no decorrer das audiências. Da presença obrigatória da Pide no acompanhamento de todo este julgamento temos o que consta do relatório subscrito pelo agente Tibúrcio.[8]

[8] Vide documento Anexo 38.

Dele ressalta o intervenção ativa que tiveram os advogados de defesa, Eugénio Ferreira e Almeida Valadas. É referido o recurso interposto do indeferimento do pedido de adiamento da audiência para permitir a vinda do advogado Palma Carlos, cuja presença era importante para a defesa dos réus, dada a sua reputada experiência em defesa de presos políticos, mas indesejável em Angola. Por sua vez é relatada com despeito, a posição assumida pelo reu Calazans Duarte que tomou sobre si a sua auto defesa, e que desafiando a acusação, terá falado mais de 2 horas sobre os problemas de Angola, consultando vários dossiers e documentos soltos, corroborando as suas afirmações com dados extraídos dos papéis. Do nosso depoimento como testemunha de defesa de Helder Neto, foi feito um pequeno extrato, em que se relata termos afirmado que o recurso ao panfleto era causado pela impossibilidade do exercício à liberdade de expressão, já existente noutros países. Na apreciação feita sobre as alegações finais dos advogados em defesa dos seus constituintes, sublinha-se com evidente rancor, relativamente a Almeida Valadas, o facto de este "querer fazer comício" e "em todas as circunstâncias esvurmar o seu ódio quesilento e tortuoso contra o Actual Regime Governativo da Nação." De forma sintomática é assinalada a raça de advogados e testemunhas.[9]

O jornal ABC de 26 de julho de 1960 faz o relato da audiência do julgamento no Tribunal Militar em Luanda.[10]

O Tribunal Militar Territorial no seu Acórdão condenou cada um dos presos, António Calazans Duarte, José Luciano Meireles e António Veloso, na pena de 3 anos de prisão maior, os presos Manuel Júnior e Contreiras da Costa em 2 anos de prisão maior, Maria Julieta Gandra em 1 ano de prisão maior e Helder Neto em 3 meses de prisão. Mais foram todos condenados na suspensão de direitos políticos por 15 anos, e em medidas de segurança por período indeterminado de 6 meses a 3 anos.

7. O agravamento das penas

Os advogados dos réus e o promotor militar interpuseram recurso para o Supremo Tribunal Militar, em Lisboa, tendo o advogado Almeida Valadas apresentado valiosas e extensas alegações de recurso.

[9] Vide documento Anexo 39.

[10] Vide documento Anexo 40.

Ao decidir sobre o processo em Acórdão datado de 30 de novembro de 1960, o Supremo Tribunal Militar foi indeferindo um a um, todos os recursos de agravo interpostos pela defesa, e ao entrar na apreciação do fundo da causa veio estabelecer doutrina sobre o conceito de crime de conspiração, definindo-o como "a concertação com outra ou outras pessoas sob a forma de associação ilícita ou organização secreta, para de qualquer modo violento ou fraudulento ou com o auxílio do estrangeiro, incitar ou executar a separação da Província de Angola, subtraindo-a à Mãe Pátria". Depois de diversas considerações rechaçou o uso "indevido" da faculdade de atenuação extraordinária das penas, negou provimento aos recursos da defesa e concedeu provimento ao recurso do promotor militar que pedira o agravamento das penas, exceto quanto ao preso Helder Neto, pelo que declarou a nulidade do Acórdão que fora proferido e mandou que os autos baixassem para que fossem de novo julgados "por tribunal militar constituído por outro presidente, auditor e vogal".

O processo regressou pois à 1ª instância em Luanda.

Apressadamente o Tribunal Militar Territorial de Angola, como fora ordenado, apareceu então constituído por outro corpo de julgadores. Eram eles os mesmos que no anterior mês de dezembro tinham composto o tribunal que, da forma como já foi descrita, tinha estado a atuar no julgamento do "primeiro" processo de Fernando Pascoal da Costa e outros. O presidente foi Marçal Moreira e o juiz auditor José Roque Gonçalves da Costa.

E em 25 de janeiro de 1961 foi proferido novo Acórdão que veio agravar pesadamente as penas impostas, sem esquecer obviamente de acrescentar as medidas de segurança. É necessário porém acrescentar que a Pide, seguindo a sua política de "apartheid", já tinha levado para fora de Angola a quase totalidade dos presos de raça branca, internando-os na tenebrosa prisão de Caxias, nos arredores de Lisboa. Eram eles Calazans Duarte, António Veloso, José Luciano Meireles e Maria Julieta Gandra. Dos restantes presos tinham ficado em Luanda, Hélder Neto, condenado em 3 meses de prisão com medidas de segurança, Manuel dos Santos Júnior e Contreiras da Costa.

Estes réus encontravam-se pois em Luanda bem como os respetivos advogados de defesa que tinham participado no 1º julgamento mas, com manifesta violação das mais elementares normas processuais penais que consagravam o princípio do contraditório que apesar de tudo ainda vigorava, o tribunal reuniu sem a presença quer dos réus quer dos advogados! Contra tão flagrante nulidade insurgiram-se os advogados Eugénio Ferreira e Almeida Valadas em requerimento apresentado em tribunal em 31 de janeiro de 1961.[11] Nesse requerimento em que se invocavam as pertinentes normas exaradas no Código de Justiça Militar e no Código de Processo Penal, arguía-se a nulidade absoluta de tal audiência que decorrera à revelia da defesa, sem a presença obrigatória dos réus e dos seus advogados.

8. Intimidação aos advogados

Só em 3 de março seguinte o tribunal se dignou pronunciar-se sobre tal requerimento, a despeito da gravidade da questão nele suscitada. A composição do tribunal era precisamente a mesma. O Acórdão que foi então proferido constitui um raro "espécimen" de aplicação da justiça processual penal e por isso o transcrevemos em parte:

> "O acto de proferir nova sentença nos termos do artº 561º do Código de Justiça Militar, não pode ser considerado audiência de julgamento. Os réus residentes na comarca, uma vez que deixaram transitar a sentença não lhes é permitido reclamar... ao afirmarem que o acto de que se reclama não foi público, os advogados signatários fazem uma afirmação dum facto intencionalmente suposto... pois não podem ignorar que o acto da leitura da sentença foi público, pois dele se lavrou a respectiva acta, que impropriamente ficou como sendo de audiência e julgamento".

E ameaçadoramente o Acórdão rematava com a invocação do Estatuto Judiciário, para imputar aos advogados que tinham subscrito o requerimento arguindo a nulidade "um comportamento contrário à moral profissional suscetível de procedimento disciplinar" pelo que foram mandadas extrair certidões para que a entidade competente tomasse o devido procedimento. Era então o juiz do Tribunal da 1º Vara da Comarca de Luanda quem tinha sobre os advogados os poderes hoje conferidos à Ordem dos Advogados.

A mesma sanha persecutória de que nós tínhamos sido alvo no julgamento realizado no mês de dezembro anterior, vinha de novo ao de

[11] Vide documento Anexo 41.

cima com todo o furor. O mais desprevenido observador da aplicação do direito pode apurar que o tribunal, ao não chamar para estarem presentes os réus e seus advogados, fez tábua rasa das normas que apesar de tudo vigoravam, e que impunham que o ato solene do julgamento fosse feito na presença dos principais interessados, os réus, cuja presença era obrigatória dado que se encontravam na área de jurisdição do tribunal, presos na Casa de Reclusão Militar e dos respectivos advogados, todos com escritório na cidade de Luanda.

Porque se tinha violado de forma flagrante o disposto no artº 477º do Código de Justiça Militar, o ato de julgamento era nulo e como tal devia ser reconhecida a sua nulidade. Aliás o artº 525º do referido Código impunha o seguinte: "A sentença será lida pelo Secretário em audiência pública. O réu estará presente à leitura e em seguida, pelo mesmo Secretário lhe será declarado que pode recorrer..." O próprio Acórdão que conheceu do requerimento, entrou em contradição ao iniciar com a afirmação de que não era necessária nova audiência de julgamento para acabar por reconhecer que a ata por todos eles assinada se referia precisamente à audiência de julgamento que afirmam ter sido "pública"mas que, violando as mais elementares normas de garantia de justiça processual, se tinha realizado sem a presença dos presos e seus defensores.

O julgamento estava assim ferido de nulidade absoluta e como tal deveria ser repetido com a observância das formalidades legais e essenciais. Decidir no mesmo Acórdão a questão da nulidade que tinha sido arguida no prazo legal e simultaneamente dar como entendido ter a sentença nula já transitado em julgado, constituiu em si uma aberração jurídica que mais não pretendia do que colocar os presos perante um facto consumado.

Para os presos que tinham sido levados para Portugal antes sequer de ter sido decidida a apreciação dos recursos pendentes, a situação foi mais aberrante. Segundo o testemunho de Maria Julieta Gandra, a nova sentença que viera agravar para 4 anos de prisão maior, acrescida de todas as demais penalizações, a pena que lhe fora imposta foi-lhe lida por um guarda prisional à porta da sua cela, na prisão de Caxias.

Para os restantes presos António Calazans Duarte, António Veloso e José Luciano Meireles, a pena foi agravada para 5 anos de prisão maior, e acrescida das demais sanções complementares, tendo-lhes sido vedado receber sem a presença dos guardas a visita do advogado Palma Carlos que se queria deslocar à prisão de Caxias para lhes comunicar o teor da nova condenação, violando os mais elementares direitos da defesa ao sigilo que deve ser observado nas relações do preso com o seu advogado.

Ao relatar para a direção em Lisboa o processamento dos 2 processos já julgados o responsável da Pide em Luanda, termina concluindo que "quer pelas contestações escritas quer pelas sua declarações verbais (os réus) provocaram verdadeiros comícios de apologia à "independência de Angola"[12]

Esta constatação por parte da Pide irá levar como adiante veremos, a uma drástrica alteração na estratégia colonialista para sufocar a luta pela independência que irrompia em Angola.

[12] Vide documento Anexo 42.

Capítulo V
A Viragem

1. Unificação da Luta

Tudo pareceria indicar que a repressão da Pide desencadeada em 1959, feita com mão de mestre, tinha conseguido esmagar os gérmens da luta pela independência, travando o seu avanço, e impedindo a unificação dos grupos de patriotas num setor central. A realidade dos factos que se foram sucedendo a partir de então, demonstraram precisamente o contrário pois os desígnios da repressão, o de silenciar a luta, ficaram por alcançar.

As vagas de prisões e os intimidativos julgamentos em tribunal militar tinham feito eco por toda a Angola e tiveram um efeito catalizador para a ampliação da luta.

Em dezembro de 1959 regressou a Luanda, acompanhado de sua família, o médico António Agostinho Neto, que pela sua invulgar projeção política e social logo concentrou à sua volta um poderoso movimento aglutinador. É também necessário sublinhar que, ao contrário do que a Pide pensava, a quase totalidade dos patriotas que tinham ido engrossar o número dos presos tinham procurado preservar o mais que lhes foi possível, os restantes elementos dos grupos a quem estavam ligados e que deste modo puderam continuar o seu trabalho clandestino.

Por outro lado a Pide, ao concluir a instrução do processo em que foram arguidos Ilídio Machado e outros, tinha reconhecido no seu próprio relatório final, que tinha deixado de fora "em liberdade e sem terem sido presos nem ouvidos", o Padre Joaquim Pinto de Andrade e o Cónego Manuel das Neves, sendo posteriormente ainda referenciado nesse mesmo processo, o Padre Alexandre do Nascimento, que viria a ser o primeiro cardeal angolano.

2. O Processo 45/60

No ano de 1960 as prisões de presos políticos prosseguiram somando-se o número de pessoas que entravam nas prisões da Pide com todo o secretismo e sem qualquer controle da opinião pública. Num mero encadeado de numeração processual surge em junho de 1960, o Processo nº 45/60 em que foram presos entre outros, David Bernardo Queiroz, Bernardo Adão Francisco, Bernardo Horácio, Manuel Pedro Pacavira, Joaquim Silas, Adriano João Sebastião, Fernando Coelho da Cruz, Adolfo João Pedro, Cândido Fernandes Costa e Bernardo João Silva.

Mas a situação tomou ainda maior gravidade, quando a Pide foi efetuar a prisão de António Agostinho Neto e o levou para interrogatório na sede da Pide, no ex-Hotel Miradouro. Pela sua posição de dirigente moral e político e pelo fortíssimo ascendente que tinha conquistado, a notícia da sua prisão ecoou como um alarme para a revolta, e hoje pertencem à história os acontecimentos que se lhe seguiram.

Em 25 de junho o Padre Joaquim Pinto de Andrade, que exercia as funções de Chanceler do Arcebispado, é preso às 13h30, no Paço Episcopal, na Cidade Alta de Luanda e levado a prestar declarações no mesmo processo. De seguida à sua prisão, Joaquim Pinto de Andrade sem qualquer aviso, foi levado para fora de Angola, deixando todos os seus familiares e amigos em grande preocupação por desconhecerem o seu paradeiro. Gozando do maior prestígio em todo o meio social, religioso e político do país, a notícia da sua prisão e deportação para fora do País, produziu um abalo que transcorreu por todas as camadas da população.

À data da prisão de António Agostinho Neto já nos tinha sido outorgada por ele procuração forense constituindo-nos como sua defensora. Por isso diligenciámos junto da direção da Pide obter autorização para conferenciar com o preso. Sabíamos que as "regras" da Pide eram de forma a conservar o preso incomunicável até à remessa do processo a tribunal mas insistimos na nossa pretensão e dias depois fomos autorizadas a deslocarmo-nos à sede da Pide, no referido Hotel Miradouro e aí pudemos visitar Agostinho Neto. Dada a natureza do local as palavras que foram trocadas entre nós foram, como é óbvio, de mera circunstância.

O subdiretor da Pide apresentou-se com grande afabilidade, informando que provavelmente o processo não seria remetido a tribunal.

No dia 6 de agosto de 1960 António Agostinho Neto foi levado num avião militar para fora de Angola, tendo sido internado nas vetustas masmorras da prisão do Aljube, em Portugal. Afinal, segundo se veio a apurar, Joaquim Pinto de Andrade que saíra de Angola dias antes, já ali se encontrava encerrado em regime de isolamento total. As condições de vida dos presos dentro desta tenebrosa prisão situada em edifício medieval eram das mais atrozes.

Detemo-nos na apreciação deste processo pela importância que ele veio a representar nos acontecimentos que se lhe seguiram e porque a sua análise nos pode ajudar a esclarecer alguns dos factos posteriores e a mudança de estratégia por parte da máquina de repressão colonial. Nele o número de detidos atingia cerca de 4 dezenas. Nesse processo foram apreendidos diversos documentos e panfletos, designadamente os panfletos com os títulos "Grito de Luta Pela Liberdade", "Chegou a Hora para Despertar", "Garantias Insofismáveis" "Pela Unidade" e outros documentos relativos à luta que se desenrolava no exterior, como a "Declaração da Conferência de Solidariedade dos Povos Afro-Asiáticos", que se realizara em abril de 1960, em Conacry e ainda outro de maio desse ano, assinado por militantes do MPLA e da FRAIN, Abel Djassi (Amílcar Cabral), Hugo de Menezes, Lúcio Lara, Mário de Andrade e Matias Miguéis. Havia, como os factos demonstraram, conexão nas lutas que se desenrolavam no interior e no exterior do país.

Mas despontavam alterações profundas na forma de luta e ia crescendo a convicção de que os protestos e denúncias eram por si só insuficientes e havia a necessidade da sua ampliação a nível interno. No apuramento que ali foi feito, os presos fizeram a menção da constituição de diversos grupos no Muceque Rangel, de 25 a 30 militantes, que estariam prontos a intervir "quando fosse oportuno", e em simultâneo começou a produzir-se a saída em grande número de jovens para o exterior do País, a fim de acompanharem o movimento de preparação para a luta que se iniciava no estrangeiro.

3. Inconveniência do julgamento público de Agostinho Neto e Joaquim Pinto de Andrade

Em outubro de 1960 a Pide, em ofício proposta dirigida ao Ministro do Ultramar, lança as seguintes considerações:

> "Se o Dr. António Agostinho Neto fosse apresentado em tribunal para julgamento, todos aqueles co-arguidos sobressairiam na audiência como elementos de cobertura. Nestas circunstâncias não há dúvida que o julgamento não se limitaria ao Dr. Agostinho Neto mas teria que abranger todos os arguidos e também o Padre Joaquim Pinto de Andrade que se encontra presentemente na Metrópole".

Havia que agir com rapidez e acima de tudo evitar que António Agostinho Neto e Joaquim Pinto de Andrade comparecessem em julgamento público.

Em concordância com o que lhe fora proposto pelo diretor da Pide, o Ministro do Ultramar logo pelo seu despacho de 6 de outubro de 1960 fixou residência ao Dr. Agostinho Neto, na Província de Cabo Verde e ao Padre Joaquim Pinto de Andrade na Província de S. Tomé e Príncipe. O primeiro iria ser colocado na ilha de Santo Antão, uma das mais atrasadas do arquipélago e o segundo iria para a ilha do Príncipe, isolada no Golfo da Guiné.

4. A Pide propôs o uso das Medidas de Segurança

Entretanto, relativamente aos demais detidos que permaneciam em Angola, a Pide veio nesses autos requerer ao Governador Geral sucessivas prorrogações da respetiva prisão preventiva, até que em 4 de dezembro de 1960, Francisco Bartolomeu da Costa Lontrão, Chefe de Brigada da Pide, elaborou o relatório final em que se veio dar conta dos seguintes factos dados como apurados pela Pide:

> "O MPLA, que inicialmente fora designado por MINA, Movimento para a Independência Nacional de Angola, teve origem no mês de Dezembro de 1959 na reunião efectuada em casa do arguido Herbert Pereira Inglês(...) com a detenção dos responsáveis e a apreensão de vasta documentação, ficou suficientemente provado que todos eles se encontravam integrados numa organização secreta e subversiva... Movimento Popular para a Libertação de Angola...
> Atendendo ao grau de perigosidade revelado pelos arguidos nos presentes autos, seria aconselhável que os mesmos não fossem entregues ao Tribunal

> da Comarca de Luanda, conforme aconteceu com outros arguidos em processos anteriores da mesma natureza, visto que a medida tomada não foi suficiente para acabar com as pretensões(...). (e só terminarão)... quando se tomarem medidas drásticas, punindo-os por via administrativa e colocando os culpados longe dos seus amigos e familiares, noutras Províncias Ultramarinas se possível, onde não poderão fazer o mal que fatalmente farão se ficarem em Angola, o que tem acontecido até agora".

Sobre esta proposta o Governador-Geral nesse mesmo dia, lançou o seu despacho "Concordo". Lembramos que esta determinação de omitir que se procedesse a julgamento dos presos políticos se veio a verificar na mesma data em que se ia iniciar o julgamento no Tribunal Militar Territorial do "primeiro" processo, e portanto foi anterior aos acontecimentos históricos do 4 de fevereiro.

No mencionado processo adiantava-se que figuravam 27 arguidos dos quais 16 presos, 1 em liberdade, 2 a cumprirem "pena de fixação de residência", todos acusados de crime contra a segurança externa do Estado. Concluia-se com as propostas de "medidas de fixação de residência" assim discriminadas: para 9 arguidos 5 anos, para os 7 restantes, 3 anos de fixação de residência... penas suscetíveis de prorrogação, conforme o seu comportamento, tendo em atenção o artº 5º do Decreto-Lei nº 23 241 de 21-11-1933, com a redação do art. único do Decreto-Lei de 14-4-1941".

Mas estes acontecimentos vieram a refletir-se na situação dos presos, pois em relação a 16 dos presos, em 16 de fevereiro de 1961, o Secretário-geral, Cruz Alvura por despacho ordenou que eles fossem enviados para a Colónia Penal do Bié, "por razões de segurança".

A Colónia Penal do Bié, que era a penitenciária mais moderna e de regime mais rigoroso que até à data fora construída em Angola, encontrava-se no centro do País e longe do local onde os presos tinham tido a sua residência. O Diretor da Colónia Penal em 16 de fevereiro de 1961 deu como entrados naquele presídio 35 presos.

Cremos ser importante assinalar esta viragem de procedimento por parte da cúpula da Pide e das estruturas dirigentes do poder colonial, que demonstram o propósito bem deliberado de pôr fim aos julgamentos dos presos políticos e enveredar pela imposição de medidas drásticas de efetiva prisão, longe dos amigos e familiares, impostas por mera via administrativa.

Os factos posteriores demonstram-nos que muito esporadicamente, nos anos que se seguiram a 1960 e até ao fim do período colonial, houve ainda alguns julgamentos de presos políticos no Tribunal Militar de Angola, em número inferior aos dedos duma só mão e, segundo a nossa convicção, unicamente para deste modo manter uma aparente fachada de legalidade.

Os ecos produzidos pelo "Processo dos 50", a despeito do julgamento ter sido realizado num tribunal especial, onde eram coartados os mais elementares direitos de defesa como atrás exuberantemente demonstrámos, começaram a revelar-se como demasiado desastrosos para a imagem do regime. Levar a julgamento um número cada vez maior de presos e pôr no banco dos acusados, pessoas com a envergadura política e social de Agostinho Neto ou Joaquim Pinto de Andrade, seria de efeito altamente prejudicial para a defesa da propagada política de integração colonial. Era necessário pois evitar a repercussão que tal julgamento teria tanto dentro do País como a nível internacional.

Foi deste modo que em finais de 1960 por iniciativa da Pide em concertação com os órgãos máximos do poder colonial: Ministro do Ultramar e Governador-Geral e seus delegados, os patriotas angolanos passaram a ser enviados para cumprir "medidas de fixação de residência" por meros despachos administrativos, não como acontecera anteriormente para determinadas áreas circunscritas sitas em lugares remotos aí sendo forçados a manter a sua residência, mas sim sendo internados dentro de verdadeiros estabelecimentos prisionais.

5. Decreto nº 23 241 de 1933

Importa agora que repesquemos o percurso até aos nossos dias bem oculto, de como com as duas mãos foi tomada esta sinistra via que da forma mais desumana e desapiedada foi usada como arma de repressão sobre o povo angolano. Em 30 de abril de 1941 foi publicado no Boletim Oficial de Angola um telegrama expedido de Lisboa que continha uma alteração ao art.º 5º do Decreto nº 23 241 de novembro de 1933.[1]

Este decreto que foi contemporâneo do reforço da ditadura em Portugal e que com toda a urgência se tornou extensivo à colónia, por via telegráfica, precisamente em 1941 veio colmatar uma "lacuna" de que,

[1] Vide documento Anexo 42.

segundo cremos, se terão apercebido as autoridades coloniais aquando dos acontecimentos que tinham então ocorrido em Angola e que levaram à prisão destacadas pessoas maioritariamente de Luanda e do Huambo, entre as quais Monsenhor Alves da Cunha, estudantes, jornalistas e professores. Por despacho do então Governador-Geral os presos foram expulsos da colónia e enviados para Portugal.[2]

Do teor desse Decreto nº 23 241 resultava que passava a ser possível aplicar "A todos aqueles cuja presença no território do Império Colonial Português ou em certa colónia seja reputada inconveniente" as seguintes "medidas administrativas de segurança" e que eram a "proibição de residência", a "expulsão da Colónia com fixação de residência noutra colónia" "e a fixação de residência dentro da própria colónia".

Para decretar a proibição de residência em qualquer ponto do Império, ou para decretar a trasladação duma colónia para outra colónia, era necessário que o órgão máximo dentro da estrutura colonial, o Ministro das Colónias, impusesse a medida por meio de despacho; se porém a trasladação da pessoa visada se fosse operar dentro da própria colónia, já bastava o despacho do Governador-Geral. Nesse diploma previa-se que o despacho de fixação de residência fosse tornado público e consoante a entidade que o tivesse proferido, se procedesse à devida publicação ou no Diário do Governo no caso de despacho de ministro, ou no respetivo Boletim Oficial, no caso de despacho do Governador-Geral.

Esta importante formalidade foi porém omitida nesta fase histórica em que se entendeu deitar mão desta forma artificiosa e abusiva das medidas meramente administrativas "de fixação de residência".

Se recuarmos ao início da implantação da ditadura salazarista podemos verificar que a medida de "fixação de residência" que mais não era do que uma forma eufemista de designar a pena de desterro, foi largamente usada contra os seus opositores, do que é memória a existência dos tristes exemplos de milhares de vítimas dessa punição: portugueses desterrados para Timor, de indianos e guineenses desterrados para Angola, e de angolanos desterrados para S. Tomé, num diabólico encadeado de transferências forçadas de cidadãos para longe das suas famílias e das suas pátrias. Por sua vez a vastidão do território angolano

[2] Sócrates Dáskalos, Um Testemunho para a História de Angola – do Huambo ao Huambo, Lisboa, Vega, 2000 pag. 58 e seguintes.

permitia que o desterro fosse aplicado com permanência e pertinácia contra os "indígenas" recalcitrantes e potencialmente perigosos dentro dos limites do território nacional.

Em regra essas medidas repressivas começavam com a imposição de prisões arbitrárias e de castigos corporais, após o que sem qualquer acusação ou formação de culpa, os presos eram enviados para as remotas paragens do Sul de Angola, no deserto do Namibe ou nos limites do Cunene. Tais procedimentos constituíram uma das muitas causas da motivação para a luta e foram objeto de sucessivas denúncias nos panfletos, como já referimos: Designadamente no panfleto "Aos Angolanos" denunciou-se que, em 12 de outubro de 1958 tinham sido presos "muitos irmãos nossos" e no dia 24 desse mês, eles tinham sido deportados para autênticos campos de concentração no sul de Angola (Moçâmedes, Baía dos Tigres ou Porto Alexandre). Noutro panfleto com o mesmo título "Aos Angolanos: contra as Prepotências Governamentais e Imperialistas" fez-se nova denúncia contra as deportações que eram efetuadas para a "colónia de S. Tomé, Baía dos Tigres, etc., deportações que se fazem de noite para não vermos".

Na década de 50 os crentes da religião tocoista, que já tinham sido expulsos do ex-Congo Belga e vindo para Angola, foram um alvo preferencial das medidas de deportação para o Sul de Angola, designadamente o seu dirigente Simão Toco, que posteriormente viria a ser desterrado para os Açores.

Todos estes acontecimentos iam-se repercutindo na vida do país, pois o aumento crescente do número de prisões, a total descrença nos órgãos de justiça militar, iam retirando qualquer vislumbre de solução pacífica para a obtenção da independência. Extremavam-se as posições e contrariamente às pretensões da repressão colonial de fazer abortar no ovo a luta emancipadora, o efeito que se foi produzindo foi, repetimos, como a realidade demonstrou, exatamente o oposto.

A revolta foi alastrando cada vez mais por todo o território nacional e o facto dos países vizinhos irem gradualmente ascendendo à independência, com especial relevância do ex-Congo Belga e os dramáticos momentos aí vividos, repercutiram-se com grande intensidade por toda a Angola.

Com as prisões dos dirigentes do "processo dos 50" seguidas das prisões de Joaquim Pinto de Andrade e de António Agostinho Neto, em meados do ano de 1960, a Pide e o poder colonial convenceram-se que tinham conseguido decepar as "cabeças" orientadoras da luta de libertação, mas a história viria a demonstrar que o resultado produzido foi o da agudização da luta.

6. O 4 de Fevereiro de 1961

O desencadear da luta armada em 4 de fevereiro de 1961 e todos os acontecimentos que hoje se encontram gravados na história da própria humanidade, tiveram como detonador o propósito de libertação dos presos políticos que à data enchiam as masmorras da Casa de Reclusão Militar, a prisão de S. Paulo e as instalações da então 4ª Esquadra, na Estrada de Catete. Corriam rumores que os presos políticos que se encontravam na Casa de Reclusão iam ser levados para fora de Angola, tal como ocorrera com outros presos políticos como já mencionámos. Os factos que se seguiram iriam dar razão a estes receios.

O que em nosso entender se mostra relevante, é salientar que foi a Pide quem em primeiro lugar propôs formas de repressão mais duras e arbitrárias que foram logo aceites e que se traduziram na aplicação de pseudo medidas de fixação de residência, dentro de 4 paredes ou seja, dos muros de verdadeiras prisões. A radicalização da luta por outro lado, levou a que os patriotas angolanos iniciassem a preparação de outras formas de oposição, diferentes das meras denúncias constantes de panfletos que eram dirigidos à consciencialização política.

Também a partir dos factos ocorridos em 1961, a repressão policial começou a revestir-se de novos contornos, acendendo-se o ódio racial, passando-se a apelidar de "terroristas" ou abreviadamente de "turras", todos aqueles que direta ou indiretamente estivessem ligados à luta de libertação.

7. Repressão sobre o clero católico

Assim a sanha repressiva começou a visar com violência membros do clero católico de origem africana, que passaram a ser considerados como os intelectuais suspeitos de serem os mentores da luta e autores de panfletos.

Em 21 de março de 1961 é preso Manuel Joaquim Mendes das Neves, Cónego da Sé de Luanda, figura do maior prestígio social no meio angolano. A Pide acusava-o de sob o pseudónimo "Amigo de Makarius", ser o orientador máximo da UPA em Angola e de ter tido prévio conhecimento dos ataques "terroristas" do 4 de fevereiro em Luanda. As notícias da prisão de Manuel das Neves e a da deportação de Joaquim Pinto de Andrade para a remota Ilha do Príncipe, tiveram então eco na imprensa estrangeira. Os jornais Washington Post e Informations Catholiques Internationales insurgiram-se contra a perseguição de que o clero africano estava a ser alvo.

Em 19 de abril de 1961 o preso, Cónego Manuel das Neves, é transferido para Portugal. Depois de negociações secretas havidas entre o Governo português e a Nunciatura Apostólica, foi proferido em 14 de agosto de 1961 pelo ministro do Ultramar, um despacho que passou a definir a situação dos sacerdotes angolanos que tinham sido levados sob prisão para Portugal.

"Os padres a seguir mencionados, não serão submetidos a julgamento, mas aos mesmos será fixada residência nos termos da lei. Deverão assinar compromisso de honra escrito, em como não tentarão abandonar o local de residência e ficarão em poder das autoridades todos os seus documentos de identificação, incluindo o passaporte e a autorização para celebrar. A violação da obrigação de residência envolve suspensão de ordens e impossibilidade de celebração, sendo esta parte do despacho considerada "SECRETA".[3]

Este despacho foi abranger Monsenhor Manuel Joaquim Mendes das Neves e os Reverendos Joaquim da Rocha (Pinto) de Andrade, Martinho Samba, Alfredo Osório Gaspar e Lino Guimarães. Sobre o ofício em que o despacho foi comunicado à Pide veio por sua vez o director geral da Pide, Silva Pais, ordenar ao sub-diretor da Pide no Porto que pusesse sob vigilância todos os padres abrangidos pelo despacho e que fosse feito o relatório de cada visita. Podemos acrescentar que durante a nossa permanência em Portugal no ano de 1961, ao sabermos da situação imposta a Joaquim Pinto de Andrade pela Pide, o fomos visitar no Mosteiro de Singeverga onde longe da sua Pátria, de familiares e amigos sofria as agruras do exílio. Por sua vez o Cónego Manuel das Neves viria a falecer no desterro sem ter chegado a ver proclamada a independência da sua Pátria.

[3] Vide documento Anexo 44.

8. O crescendo da repressão

Entretanto em Angola foi subindo em crescendo, o número das prisões que em massa se foram produzindo por todos os pontos do país. Em Luanda as prisões da Pide em S. Paulo mostravam ser já insuficientes, passando os presos a ser enviados para a vetusta fortaleza de S. Pedro da Barra nos arredores da cidade de Luanda, onde nos subterrâneos os presos eram metidos em situação de enclausuramento tal que levava a que em cada manhã fosse necessário retirar das celas os cadáveres dos presos mortos por asfixia. Os métodos de interrogatório da Pide recrudesceram de violência, com formas brutais de agressão, usando as chicotadas, as pauladas e outras formas de agressão física que muitas vezes levavam à eliminação física do preso.

De tudo o que se ia passando pouco ou quase nada transpirava para o público em geral. Tampouco os familiares dos presos que viam desaparecer os seus parentes eram informados da sua sorte e a eles só restava porem-se a vaguear de prisão em prisão, à procura de informação sobre o seu paradeiro, sem que na maior parte das vezes as autoridades policiais respondessem às suas solicitações, antes optassem por os enxotar acintosamente.

Tinha-se instalado um verdadeiro regime de terror que é difícil de descrever. Nesses tempos de angústia e tristeza é justo destacar a ação humanitária que foi desenvolvida por algumas freiras católicas que, conseguindo furar as barreiras impostas, puderam visitar os presos e dar-lhes apoio material e espiritual, levando sob as suas vestes alimentos e medicamentos, e trazendo cá para fora algumas mensagens dos presos avidamente procuradas pelos familiares. A ação exercida pela irmã Santana, de nacionalidade francesa, de grande verticalidade em apoio aos presos, não foi bem vista pelas autoridades coloniais e ela acabou por ser "convidada" a sair rapidamente de Angola.

Também em 1961 os advogados Diógenes Boavida e José Almeida Valadas foram presos, e Almeida Valadas foi expulso de Angola. Adiante-se que a partir da publicação do Decreto nº 36 387 de 11 de maio de 1961 as medidas de expulsão que eram da competência do Conselho de Ministros passaram a ser atribuídas ao Governador-Geral. Figuras de relevância intelectual e reconhecidamente progressistas no meio social angolano, como os advogados Eugénio Ferreira e Antero Abreu e o escritor e jornalista Bobella Mota estiveram na iminência de serem expulsos de Angola o que só foi sustado "in extremis".

Está ainda por apurar o cômputo macabro de quantas mortes e quantas prisões terão ocorrido nesse trágico ano de 1961 e nos que se lhe seguiram. Mas para termos uma ténue ideia dessa realidade podemos adiantar que posteriormente como advogada de alguns dos presos que, como funcionários públicos que eram, tinham sido objeto de processos disciplinares tivemos acesso a alguns números dos processos instaurados pela Pide. Verificámos por elementos então recolhidos que o processo datado de setembro de 1961 em que foram presos Jacques Gomes e Augusto Loth tinha o número 617/61 e nos anos seguintes deparámo-nos com o processo 563/62, com o processo 376/63, etc. Se tivermos em conta que cada um dos processos tinha em regra dezenas de presos podemos ter uma ideia dos milhares de presos que em cada ano passavam pelas prisões da Pide.

9. Processos disciplinares contra os presos

Interviemos em mais de uma centena de processos disciplinares em defesa dos arguidos que "a posteriori" e purgada a sua prisão e libertados dos campos de concentração, nos vinham procurar. E foi desta forma que nos fomos apercebendo do método de repressão que começara a ser aplicado. Importa sublinhar para uma mais clara apreensão do novo "modus faciendi" de como se processava a repressão, que a partir da aplicação deste novo "método" não era entregue ao preso pela Pide qualquer documento escrito sobre a sua situação prisional, nem nota de culpa, nem acusação escrita, nem tampouco o texto da sua condenação em tantos ou tantos anos de "fixação de residência"dentro duma prisão. Tudo era feito em completa oralidade, transmitido de viva voz no recinto das prisões, sem a presença de qualquer advogado de defesa, para que não houvesse a veleidade de interpor algum apelo para qualquer entidade. Também desta forma crapulosa se evitavam provas palpáveis dos atropelos aos mais elementares direitos a uma justiça criminal em que se fixassem os factos da acusação, a "pena", o direito ao recurso, etc. tripudiando de todo o mais elementar de direito à defesa.

Mas como acontecia que muitos dos presos eram quadros do funcionalismo público, embora quase sempre em posições modestas e na situação de assalariados, havia apesar de tudo que dar seguimento aos trâmites legais e levar à vacatura dos lugares que tinham ficado em aberto com a prisão do respetivo titular. Em muitos dos casos foi usado o estratagema de levantar contra o preso processos sumários de auto de abandono de lugar, que pressupõem o abandono voluntário do exercício do cargo por parte do funcionário público, mesmo quando a prisão do funcionário pela Pide se tinha processado dentro do local de serviço e na presença do superior hierárquico!

A pena de demissão era uniformemente aplicada em todos os processos. Aliás num dos processos em que interviemos deparámo-nos com um despacho de um Governador de Distrito que em forma de aviso prévio ordenava que se "abrisse um processo sumaríssimo mas que servirá de base a uma decisão de demissão".

As referidas penas de demissão não eram notificadas aos funcionários por elas atingidos no seu local de prisão, e vinham a ser publicadas na II Série do Boletim Oficial tempos depois, e tudo isto se processava com requintes de cinismo pois o funcionário demitido estava dentro da prisão onde obviamente não tinha acesso a tal leitura. Quando após a sua libertação alguns desses presos nos procuraram, elaborámos em seu nome pedidos de reintegração no serviço, alegando em súmula a nulidade processual e a inveracidade dos respetivos fundamentos, sendo que alguns deles foram atendidos e os interessados readmitidos, porém na grande maioria dos casos foram proferidos despachos de indeferimento.

Desses despachos interpusemos vários recursos administrativos para o Conselho Ultramarino, órgão então com competência para conhecimento dos recursos interpostos dos despachos do mais alto funcionário colonial, e que estava sedeado em Lisboa. Mais uma vez contei com a desinteressada colaboração do meu colega Luís Saias, que nessa cidade procedia às formalidades indispensáveis ao andamento normal do recurso, acontecendo que todos os recursos foram invariavelmente desatendidos, a despeito das flagrantes e grosseiras irregularidades cometidas nesses pretensos processos disciplinares.

10. Corporização dos campos de concentração

O engrossar do número de presos, em número de milhares que de forma alguma poderiam ser levados a julgamento, tornou urgente que novas medidas fossem tomadas. O Decreto-Lei nº 43 582 de 19 de abril de 1961, reconheceu a Pide como um serviço nacional e como tal conferiu-lhe competência e jurisdição que foi declarada extensiva a todo o território nacional. A seguir o Decreto-Lei nº 43 600 de 3 de maio veio prever que fosse constituído em Santo Antão (Cabo Verde) "um estabelecimento destinado às medidas de tutela" do artº 3º do Decreto-Lei nº 39 997, o qual "seria património comum das Província Ultramarinas que suportarão o encargo" mas acrescentava-se que em cada Província podiam ser instituídos estabelecimentos provisórios para os fins do Capítulo II do mesmo Decreto-Lei, cabendo ao Ministro do Ultramar regular por portaria o estabelecimento.

Desta forma artificiosa que deixava de fora o que capciosamente se ocultava sob a designação de meros números de diplomas legais, sem atribuição de conteúdo para não chamar a atenção de quem os lesse, estava aberto o caminho "legal" para a reinstalação dos campos de concentração sob alçada da ditadura portuguesa, agora já não para abranger os oposicionistas portugueses, como acontecera até 1945, mas sim para encarcerar os milhares de patriotas que nas colónias lutavam contra o sistema colonial.

Nesta senda macabra foi publicada a Portaria n.º 18 539 de 17 de junho de 1961, assinada pelo então ministro do Ultramar, Adriano Moreira que em diploma de uma única linha estatuiu:

"É instituído em Chão Bom um campo de trabalho".

Embora o decreto anterior tenha referido que o "estabelecimento" deveria ser em Santo Antão, a realidade dos factos foi bem diferente dado que o que se fez foi proceder à reabertura do campo de concentração do Tarrafal, na ilha de Santiago, em Cabo Verde. Mas havia que não despertar as atenções sobretudo a nível internacional, pelo que se escamoteou do texto da portaria o lugar onde o campo agora designado como de "trabalho" se localizava, e lhe foi atribuído de forma grotesca a designação de Campo de Chão Bom!

Da mesma forma sibilina e assinada pelo mesmo ministro Adriano Moreira, veio logo a seguir à luz do dia a publicação da Portaria nº 18702 de 24 de agosto de 1961, que no seu conteúdo telegráfico, dispôs o seguinte:

" É instituído na província de Angola o campo de trabalho do Missombo".

Fora esta a forma verdadeiramente "genial" encontrada para contornar as dificuldades encontradas para dar destino às centenas e milhares de presos sobreviventes que, depois de passarem pelas torturas da Pide, tinham que continuar a ser punidos. Tinha-se encontrado a "solução" para o destino desses prisioneiros. A "fixação de residência" como vimos, deixara de ser em locais remotos do território angolano, a céu aberto, mas dentro duma efetiva prisão que por via de operação cosmética passavam a ser apelidados de "campos de trabalho".

Mas neles os presos estavam sob a mira das armas dos guardas, cercados de arame farpado, com altas vigias espalhadas em redor, sujeitos a apertado sistema de vigilância da Pide, onde eram censuradas as leituras e a correspondência, sendo a Pide que caso por caso, tinha o poder soberano de decidir sobre o fim das penas "conforme o comportamento e o arrependimento" dos presos.

Temos agora que confessar que, a despeito de aturadas buscas que fizemos, não conseguimos localizar a portaria ou outro diploma que se referisse à criação do terceiro campo de concentração, o de S. Nicolau, situado no deserto do Namibe. Como mais adiante veremos, é nossa convicção que esse campo foi instituído de forma sub-reptícia na década de 50 para receber os primeiros desterrados que eram seguidores da religião tocoísta e porque o mesmo já estava criado e a funcionar, não foi necessário ir ao Boletim Oficial formalizar a sua instituição. Terá sido assim?

Só quando este campo se encontrava em pleno funcionamento, no ano de 1969 a Portaria Provincial nº 16 084, publicada em 25 de março, veio criar uma comissão administrativa para gerir os proventos produzidos pelo agora apelidado "Campo de Recuperação de S. Nicolau", no distrito de Moçâmedes.

Entretanto por despacho do Governador-Geral de 16 de maio de 1964, já tinham sido entregues à Pide para utilização, as cadeias administrativas, antigas cadeias para indígenas, espalhadas por toda a extensão do território nacional angolano.

Capítulo VI
Campos de Concentração

1. Abertura dos campos de concentração

Ao propormo-nos a abordagem desta vertente da repressão colonial sobre os que levaram a cabo a luta pela independência, fazemo-la com a perfeita consciência de que estamos de forma liminar a levantar apenas uma pequeníssima ponta do véu que cobre ainda toda a extensão desta dramática realidade histórica. Desde logo sobressai a dificuldade da insuficiência das nossas pistas, confinadas a pouco mais do que a consulta de mal amanhadas pastas de documentação que terão saído das instalações da própria Pide, que apesar de se encontrarem hoje devidamente guardadas em valioso arquivo, só nos podem dar uma visão unilateral e destorcida do desenrolar dos factos.

Fazemos consequentemente um apelo para que se proceda ao prosseguimento do trabalho de investigação para que a reconstituição histórica de necessidade imprescindível, possa ainda ser feita. Está em jogo trazer ao conhecimento das mais jovens gerações e restituir ao povo angolano, a noção da amplitude do sacrifício e do sofrimento consentidos durante mais duma década que foram sendo vividos por milhares de presos políticos.

2. Proposta da Pide – homologação do governo

Como jurista colocamos liminarmente a seguinte questão: Qual terá sido o "modus operandi" usado pela Pide? qual a concatenação entre o trabalho da Pide e as autoridades da cúpula da governação colonial? A Pide elaborava processos para todos os presos, ou prendia indiscriminadamente para depois forjar processos justificativos? Terá havido nos campos de concentração registos de entrada e saída dos presos? Estamos mais inclinados para entender que se de início, ou seja em 1959 e 1960, haveria o cuidado de instaurar os devidos processos, desde que se produziu a viragem de "prescindir" da remessa a tribunal, todo o procedimento terá sido dramaticamente simplificado.

Em traços gerais podemos traçar o seguinte percurso: efetuada a prisão, o trabalho da Pide centrava-se na obtenção da "confissão" do preso. Não nos vamos adiantar sobre as formas como a Pide ia extorquindo essa confissões a seres humanos que foram sujeitos aos meios de coação físicos e morais mais atrozes e brutais. Os presos encontravam-se à mercê dos seus carcereiros, incomunicáveis com o exterior, sem o apoio de familiares, e menos ainda de advogados de defesa, todos sabiam que a sua vida e sobrevivência física estava em jogo, pelo que era esse um dos valores a preservar.

E quantos terão ficado nas sinistras prisões da Pide? É estatística que cremos estar ainda por fazer. A Pide elaborava assim o auto que o preso era coagido a assinar. Se o processo dissesse respeito a diversos presos haveria pois diversos autos assinados pelos respetivos presos. Quando era dada por finda a investigação, era então feita pela Pide a proposta de "pena" que deveria ser aplicada ao preso ou, se houvesse mais do que um preso, aos vários presos simultaneamente. Essas propostas segundo nos foi dado ver, iam de um mínimo de 2 anos até 12 anos de internamento, ou seja de prisão efetiva.

É preciso ter ainda em linha de conta que o período inicial de prisão às mãos da Pide podia prolongar-se por 1 ou por 2 anos, ditos de "prisão preventiva", em que os presos eram vítimas das maiores violências, mas esse tempo não contava como "pena" a qual só se iniciava quando o preso era transferido para o campo de concentração.

Só depois de concluído o "processo" é que ele ia a despacho da autoridade competente que dentro da colónia era o Governador-geral, que por sua vez podia delegar ou não os seus poderes no Secretário-geral ou num dos Secretários provinciais. O despacho era proferido no próprio processo, muitas vezes no canto superior direito da proposta, o que poupava tempo e papel.

Esses despachos, tanto quanto tivemos ocasião de observar, mais não eram que a homologação sem tirar nem pôr, da proposta que já vinha totalmente elaborada pela Pide e sobre a qual o despacho recaía.

3. "Entrega" à autoridade administrativa

A partir desse despacho formalmente o preso passaria a estar às ordens das autoridades administrativas e a Pide, quando questionada, era a primeira a proclamar que já nada tinha a ver com o preso pois o mesmo "fora entregue à autoridade administrativa".

A história repete-se, pois tal artifício já fora usado nos tempos da Inquisição: depois da conclusão dos seus processos contra os presos acusados de heresia, em que eles eram torturados até à confissão, as entidades religiosas diziam ser os hereges "relegados" ao poder civil, "o braço secular" para serem supliciados, ou seja, levados à fogueira.

Da mesma sorte nestes casos a execução da pena nos seus aspetos materiais ficava pois a cargo das autoridades administrativas e tanto assim foi que os sucessivos diretores dos três campos de concentração foram sempre funcionários do quadro administrativo com a categoria de administradores de concelho ou de circunscrição, integrados no quadro do pessoal administrativo colonial. Talvez por essa razão poderá acontecer que os documentos relativos ao funcionamento desses campos se encontrem no arquivo do ex-Ministério do Ultramar, em Lisboa.

Era porém evidente que a Pide mantinha todo o controle sobre a atividade dos presos através do próprio diretor do campo e dos demais guardas que dentro dele se encontravam e ditava todas as regras a impor aos presos como o direito a visitas, censura do correspondência, acesso a livros e jornais, direito a eventuais saídas, castigos corporais em muitos casos, celas disciplinares para cumprimento de castigos, etc., como sempre ocorre nos estabelecimentos prisionais.

A evolução do comportamento do preso devidamente vigiado iria determinar o término da "medida" imposta ou a sua prorrogação.

A documentação que compulsámos não era rigorosa nem evidenciava ter havido por parte da Pide o cuidado de elaborar um tombamento rigoroso da identidade dos presos e do respetivo início e termo do cumprimento "das medidas de segurança de internamento". Encontrámos informações esporádicas de entradas e saídas de presos mas sem um rigor que nos permitisse saber de forma exata em relação a cada um deles qual a sua situação prisional.

Também encontrámos documentos que mencionavam qual o número de presos existentes num determinado campo de concentração em datas nos mesmos referidos, mas esses dados não resultaram do levantamento dos presos existentes feitos por quem tinha os campos de concentração sob sua responsabilidade, antes surgiram em respostas que foram dadas a pedidos de informação de outras autoridades. O que nos saltou à vista foi que a Pide certamente podia agir com total impunidade, pois não surgiu nenhuma entidade terceira a exigir prestação de contas da forma como procedia e isso foi-nos revelado por documentos esparsos em que se anotou junto do nome de alguns presos, o seguinte: «não foram objecto de despacho», o que demonstra que havia prisões a granel de cidadãos anónimos, que foram enchendo os cárceres de Angola.

Os presos do processo nº 45/60 da Pide que sem julgamento tinham sido enviados como referimos, para a colónia Penal do Bié em 16 de fevereiro de 1961, foram alvo duma informação subscrita pelo subdiretor da Pide, Raul Rosa Porto Duarte datada de 5 de setembro do mesmo ano de 1961, segundo a qual se ordenava: «os presos devem aguardar no local onde se encontram detidos a conclusão do Campo de Trabalho do Missombo, ou qualquer outro estabelecimento adequado, a fim de ali cumprirem as penas referidas. Nestes termos os referidos detidos deixam a partir de hoje de interessar a esta Polícia pelo que ficam absolutamente de si desligados e por conseguinte à inteira disposição desse Governo de Distrito».

Tratava-se, repetimos, duma rematada falsidade pois pese embora o facto dos campos serem geridos pelas autoridades administrativas coloniais e guarnecidos de elementos da guarda policial, a Pide continuava a manter apertada vigilância sobre as pessoas dos presos, a qual era efetivada por agentes seus destacados nas sedes de distrito mais próximas do respetivo campo, aos quais como vimos, eram atribuídos os poderes de controlo da correspondência e de visitas, além de irem orientando as estruturas policiais e administrativas sobre toda e qualquer ocorrência.

Cumprida a "pena", era a Pide quem autorizava ou não, o regresso do preso ao local onde anteriormente tinha tido a sua residência e uma vez fixado esse local, o preso recém libertado mantinha-se em regime de liberdade condicional, pelo que lhe era imposta a obrigação de apresentação periódica às estruturas da Pide nesse local.

Com requintes de hipocrisia os textos oficiais ao referirem-se aos presos políticos angolanos, tinham um rigoroso cuidado em não mencionar a palavra "preso", substituindo-a pelos termos "residentes", "desterrados" ou "internados". E quando saíam dos campos eram designados como "repatriados".

4. Abertura do campo de concentração do Missombo

Em termos de cronologia o primeiro grupo deu entrada no campo de concentração do Missombo em janeiro de 1962, o qual passou a ser designado como "o grupo dos 80" e dele faziam parte entre outros Salvador Sebastião, Pedro José Van-Dúnem, Imperial Francisco Santana, Paiva Domingos da Silva, Virgílio Francisco Sotto Maior, Afonso Dias da Silva e David Massango Machado (Minerva). O nome oficial que foi atribuído ao campo era bastante extenso, Campo de Recuperação Social do Missombo.

Entretanto os presos do processo 45/60 a que nos referimos, foram retirados da Penitenciária do Bié em 5 de maio de 1962 e internados no campo de concentração do Missombo, passando aí a ser conhecidos como o "grupo dos 36" do qual faziam parte os nomes que já mencionámos, Manuel Pedro Pacavira, Fernando Coelho da Cruz, Adriano João Sebastião, Adolfo João Pedro, Jaime Madaleno da Costa Carneiro, David Bernardo Queiroz, Rodolfo da Ressurreição Bernardo, Bernardo Joaquim Silas e Cândido Fernandes Costa.

Compulsando mapas exarados pelo chefe do Posto da Pide em Serpa Pinto, hoje Menongue, referentes aos presos "residentes" do campo do Missombo encontramos por exemplo uma listagem de 95 presos, a maioria dos quais tinha sido presa no ano de 1962, e em relação a uns quantos vinha aposta a indicação de "nada consta". Dessa lista aponta-se o lugar de proveniência dos presos como tendo sido o Lobito, Cabinda, Zaire, Uíge, Luanda, etc., o que abrangia já largas áreas do território nacional.

5. Alargamento do campo

Em maio de 1962 foram já assinalados como existentes no campo do Missombo 475 presos que estavam repartidos por dois campos, os quais distanciavam entre si 20 km e dentro deles já tinham sido construídos 3 pavilhões em construção definitiva. As edificações eram cercadas por arame farpado, com postos de 7 metros de altura, formando um quadrado com 200 metros de lado, com guaritas com sentinelas e uma única porta de acesso e ronda exterior. O corpo de polícias e guardas era de cerca de 100 homens.

Em agosto de 1962 o Chefe do Estado-maior, Bettencourt Rodrigues, informou o seguinte:

"Relativamente aos campos de recuperação social instituídos no distrito do Cuando Cubango, a alguns quilómetros de Serpa Pinto:

a) o único campo situa-se na região do Missongo, cerca de 28 km de Serpa Pinto e conta com 650 internados
b) estão previstos mais dois campos na região com iguais efectivos o que elevará o número para 1800 internados."

Em aditamento a esta informação, o diretor do campo de concentração do Missombo, José David Rodrigues Campos, em 25 de novembro de 1962 adiantou que "o campo está superlotado... Alberga 973 indivíduos e espera-se a chegada de mais 1500".

Nesse mesmo mês de novembro de 1962 os guardas auxiliares insurgem-se contra o diretor do campo "por os pretender fazer trabalhar ao lado dos «residentes», nome dado aos presos internados naquele campo" (sic) conforme linguagem demasiadamente direta usada desta vez, por um chefe de posto administrativo.

Nos anos posteriores de 1963 e 1964 já foram feitas menções de presos dentro do campo por motivo de crenças religiosas e não só por atividades subversivas. Surgiram nomes de dirigentes do grupo religioso de Simão Toco e outros da Watch Tower – Testemunhas de Jeová, que anteriormente tinham sido penalizados com medidas de fixação de residência em Moçâmedes e Baía dos Tigres.

Por essa data o número dos presos dentro do campo devia ascender a 1200. Tanto assim que num seu relatório, o chefe do posto da Pide em Serpa Pinto referiu "o campo está superlotado pois atualmente estão ali internados à volta de 1200 indivíduos". Assinalava que fora da vedação estendia-se uma enorme área em todas as direções onde o pessoal a recuperar era empregado em trabalhos agrícolas. Ao referir-se ao diretor do campo, David Campos, este elemento da Pide manifesta o seu desagrado e classifica-o como "pessoa branda demais" e sobre o regime imposto aos presos exprime a sua censura "dá a impressão de que não estão detidos".

Sobre este relatório, o então Governador-Geral, Silvino Silvério Marques lavrou um despacho em 4 de março de 1964 em que mandou que os C. T. (Campos de Trabalho) fossem escalonados quanto ao grau de criminalidade dos detidos. Concluiu ordenando "Deverá a Pide apresentar uma relação dos elementos mais perigosos do Missombo e de S.

Nicolau a fim de ser solicitada a respetiva incorporação no Chão Bom ou no Bié".

Em meados do ano de 1964 a Pide tem conhecimento de que dentro do denominado grupo dos 36 havia quem estivesse a desenvolver atividade de mobilização a favor do Movimento Popular de Libertação de Angola junto de outros reclusos e por isso foi levantado contra os presos outro processo de investigação. Foram dados como cabecilhas Cândido Fernandes Costa, Manuel Pedro Pacavira, Adriano João Sebastião, Fernando Coelho da Cruz, Magalhães Pimenta e Jaime Madaleno da Costa Carneiro. Três deles, Manuel Pacavira, Jaime Madaleno e Magalhães Pimenta foram sujeitos a cruel castigo que só não redundou na sua morte, pela coragem abnegada do preso Virgílio Sotto Maior.[1]

Em 11 de novembro de 1966, foi elaborado um mapa dos "residentes"em número de 160, que deviam ser enviados para o distrito de Moçâmedes e da respetiva análise designadamente quanto à data e número de entrada no campo, filiação, naturalidade, anos de pena imposta, etc., podemos retirar os seguintes elementos:

- pelo número de entradas vemos que o número dos presos ultrapassava os 1400;
- que alguns dos presos estavam acompanhados de mulher e de filhos;
- que a naturalidade desses presos era predominantemente das atuais províncias do Bengo, Kwanza-Norte, Uíge e Zaire;
- que a idade dos presos ia dos 19 aos 82 anos;
- que os presos se distribuíam pelas mais diversificadas atividades e funções, tais como estudante, agricultor, pastor evangélico, catequista, operário, pescador, enfermeiro, empregado comercial, empregado do Caminho-de-ferro de Benguela e até soba;
- as penas aplicadas aos presos aí internados variavam do mínimo de 2 até ao máximo de 10 anos, mas em relação a alguns dos presos a pena era indeterminada, pois a seguir ao respetivo nome foi aposta a indicação "Ind".

[1] Adriano João Sebastião dos "Campos do Algodão aos Dias de Hoje" – Luanda, Ed. do autor, 1993 pag. 95 e seguintes.

6. O encerramento provocado pelo alastramento da guerrilha

A razão que levou à elaboração desse mapa de presos prendeu-se com o facto da evolução da luta de guerrilha que desde meados do ano de 1966 se tinha estendido às regiões do Leste de Angola. As autoridades coloniais começaram então a sentir-se inseguras e manifestaram a sua inquietação quanto à segurança do campo de concentração do Missombo.

Tanto assim que o subdiretor da Pide em 29 de setembro de 1966 alerta o Governador do distrito do Cuando Cubango para "dar a maior urgência ao assunto da transferência do Campo de Trabalho do Missombo, dado terem chegado notícias que aconselham essa urgência". Em mensagem de 12 de outubro seguinte, pelo chefe de posto da Pide em Serpa Pinto foi remetida à Pide em Luanda a informação de que no Campo do Missombo se encontravam 824 homens, 99 mulheres e 162 crianças.[2]

Desses foram destacados os mencionados 160 que "por instruções superiores seguem para o distrito de Moçâmedes", alguns deles acompanhados de mulher e filhos.

O campo de concentração do Missombo foi portanto encerrado nos finais do ano de 1966, por razões de força maior.

[2] Vide documentos em Anexo 44 e 45.

Capítulo VII
Campo de Concentração de S. Nicolau

1. Quando abriu?

Como referimos, não vimos balizada por diploma legal a criação do campo de concentração de S. Nicolau que segundo documentação consultada terá recebido os primeiros presos políticos em 23 de novembro de 1961, os quais foram punidos por despachos do Secretário-geral de Angola datados de junho, julho e de 30 de agosto de 1961. O número dos presos abrangidos era de cerca de 950 e foram transportados por via marítima para o sul de Angola tendo sido usados o paquete Quanza e a lancha Centauro da marinha de guerra. Nem todos porém foram levados para S. Nicolau, pois muitos deles foram distribuídos por outras localidades do deserto do Namibe, como Porto Alexandre, Baía dos Tigres, Iona, etc. Do mapa elaborado vê-se que aos presos tinham sido aplicadas penas que variavam de 3 a 4 e 5 anos de prisão, mencionadas como de "internamento" mas em relação a outros dizia-se "sem tempo de pena fixada".

Inicialmente terá estado em mente instalar em S. Nicolau um "Colonato Indígena" para nativos, na antiga fazenda adquirida pelo Estado à firma do Lubango, Venâncio Guimarães. Ela situava-se na orla marítima à distância de cerca de 150 km por estrada, a Norte da capital do então distrito de Moçâmedes, a poucos quilómetros do rio de S. Nicolau também conhecido por Bentiaba e ocupava uma área de 350 hectares. Por referências posteriores e como também já referimos, ficámos com a convicção de que os primeiros presos do campo de concentração de S. Nicolau terão sido seguidores da religião tocoísta. Reconhecemos queestá ainda por fazer um levantamento rigoroso dos acontecimentos que proporcionaram a abertura e o funcionamento deste local onde sofreram tantos milhares de angolanos.

2. Os primeiros presos políticos

Mas foi a Pide que expressamente veio esclarecer que "com a eclosão do terrorismo e a necessidade de internamento de alguns indivíduos incriminados por levantamentos contra a Soberania Portuguesa, a escolha recaiu em S. Nicolau, por ser o que melhores condições oferece para o efeito". E de forma elucidativa a própria Pide adiantou que "ultimamente o internamento, em regra processa-se por proposta da Pide com despacho do Secretário-geral". E aditava-se ainda "permite-se que alguns "internados" estejam "acompanhados de mulher e filhos". Mas para além dos que cumpriam pena em S. Nicolau os desterrados continuavam a ser enviados para outras localidades do Namibe e do Cunene, tal como já mencionámos. Em 23 de abril de 1964, o cômputo dos "desterrados "na região feito pelo posto da Pide em Moçâmedes indicou o seguinte: Baía dos Tigres – 473, Iona – 25, Virei – 1 e em Moçâmedes – 158.[1]

Mas até dentro da cadeia destinada a presos de delito comum, o Campo de Trabalho do Peu-Peu no Forte Roçadas (Xangongo), foi referenciado existirem presos "por crime e exercício de atividades subversivas".

3. Número crescente de presos

Em mensagem enviada à Pide em Luanda, datada de julho de 1965, informava-se estarem no campo de concentração 339 "desterrados", mas pouco depois em agosto seguinte, a Secção Central da Pide fez o elogio do modo como estava a funcionar o Campo de Recuperação de S. Nicolau e contabilizou que ali estavam 671 indivíduos, dos quais 345 eram homens, 97 mulheres, das quais 3 a cumprir pena e 229 crianças, das quais 70 latentes.

Em jeito de esclarecimento aditou-se que 51 dos "internados" já tinham a pena dada por cumprida desde outubro do ano transato (ou seja desde 1964), mas que se encontravam a aguardar resolução das autoridades responsáveis dado que não deveriam regressar às terras da naturalidade, mas sim irem fixar-se noutras localidades. Relativamente a

[1] Vide documento Anexo 46.

200 dos presos, quase todos da área do Lobito e Benguela, informava-se que estavam prestes a terminar a pena nesse mesmo mês de agosto. Era manifesta a preocupação de manter os presos afastados dos seus locais de residência anterior, impedindo em muitos casos o seu regresso para junto de suas famílias. Estes factos são reveladores da forma displicente e a total impunidade com que atuavam a Pide e as autoridades coloniais, mantendo em cativeiro os presos cujas "penas" já tinham sido expiadas e impedindo que eles depois de libertados tivessem a livre escolha do seu local de residência.

Os presos vinham em ritmo crescente, de todos os pontos do país. Em 8 de janeiro de 1967, são transferidos das prisões do Luso (hoje Luena) mais 45 presos a serem enviados para S. Nicolau, via Lobito. E mencionava-se o seguinte:

> "há mais 69 presos a transferir para S. Nicolau, que aguardam que a proposta seja despachada pelo Secretário-geral, mais 17 a aguardar julgamento cujos processos estão em Luanda, mais 40 com os processos em curso e mais algumas dezenas que aguardam espaço na cadeia para se capturarem, na noite de sexta para sábado. Podem seguir no comboio 45 que deixariam espaço para outras capturas..." (sublinhado nosso).

De facto 45 presos foram então enviados da subdelegação da Pide no Luso, via Lobito para S. Nicolau e no dia 31 desse mesmo mês de janeiro, esse número foi acrescentado com mais outros 31 presos. Com o encerramento do campo de concentração do Missombo e o envio de parte dos presos que aí se encontravam, para S. Nicolau, começou a verificar-se grande congestionamento nas primitivas instalações.

No princípio de 1967 a Pide propõe o aproveitamento do Ilhéu das Rolas em S. Tomé e Príncipe para ser instalado um local para o internamento dos presos. Sobre esta proposta o Governador-Geral, Rebocho Vaz em 3 de fevereiro de 1967, lança o seguinte despacho: "Concordo com todo o interesse, dado que em S. Nicolau pode o efetivo dos internados elevar-se rapidamente para 3.000 a 4.000 homens o que poderá representar graves problemas de segurança". Nesse ano aumentou a lista dos presos vindos das áreas de Benguela e do Moxico.

Com pruridos de linguagem o Governador do Distrito de Moçâmedes manifestou o seu desagrado relativamente ao uso da designação de "campo" atribuída a S. Nicolau, dadas as conotações que essa palavra poderia ter, subentendia-se, com "campo de concentração" e por isso despachou de forma explícita, que "... o local no deserto de Moçâmedes onde se encontram concentrados indivíduos implicados em atividades subversivas, se passe a designar oficialmente Centro de Recuperação de S. Nicolau". Também houve por parte do Governo de Distrito de Moçâmedes a veleidade de passarem a ser os elementos do SCCIA, órgão de segurança e informação ligado às estruturas do governo, a censurar a correspondência dos "internados", pretensão que foi desde logo afastada pelo chefe do posto da Pide em Moçâmedes que afirmou caber-lhe a ele fazer essa censura.

4. Fuga de presos

Na noite de 27 para 28 de junho de 1967 ocorreu a fuga de 5 presos de S. Nicolau que segundo relato então feito, eram provenientes da área do Moxico, e cujos nomes eram: Caminhão Sozinho, Sapato Primeiro, Paulino Sapato, Cufino Jeremias e Uchio Sapato os quais tinham feito parte dos Processos 365/66, 2/67 e 3/67 levantados pela Pide, e que "tinham aderido voluntariamente à Unita". Na perseguição que foi movida pelas forças da polícia do campo aos fugitivos, 3 foram abatidos e em 7 de julho seguinte os outros 2 foram recapturados. Qual terá sido a sua sorte?

5. Ampliação do campo de concentração

Podemos verificar que já em 1968, o campo tinha sido ampliado e estava no fundamental, dividido em 3 áreas principais: S. Nicolau 1, S. Nicolau 2 e as Salinas. O primeiro tinha o posto de comando e o reduto, as habitações dos "desterrados" cercadas de arame farpado, as residências dos empregados, torres de vigia e combate, a cadeia, a arrecadação do material de guerra, etc. O segundo tinha a área de habitação dos "desterrados" enquadrada por torres de vigia e combate. As Salinas encontravam-se na costa, a uma distância de 10 km do campo, junto ao Farol da Ponta Grossa e nelas estavam igualmente as habitações destinadas aos "desterrados" cercadas de arame farpado, com torres de vigia e combate, centro de arrecadação de material de guerra, caserna dos guardas, etc. Era esta a descrição que a nível oficial era feita das instalações do Campo, mais adiante veremos qual foi a sua verdadeira realidade e procuraremos reter algo do que se ocultava dentro dos seus muros.

Em maio de 1968 o número de presos ultrapassava os 1500 homens incluindo presos que tinham vindo das mais variadas regiões de Angola. Por essa data já o diretor do campo de concentração de S. Nicolau passara a ser João José Baltasar de Lima que deixaria atrás de si uma fama aterradora.

6. A produção do campo de concentração

O volume do trabalho dos presos foi engrossando de ano para ano e tornou-se por isso necessário regular a forma de gestão dos bens produzidos e dar destino à já volumosa produção.

Consequentemente a primeira menção oficial à existência do Campo só veio a aparecer com a já mencionada Portaria Provincial nº 16 084 de 25 de março de 1969, que atendendo a essa necessidade, criou uma Comissão Administrativa para o Campo de Recuperação de S. Nicolau. Essa Comissão era constituída pelo administrador do Concelho, um funcionário de Finanças e um funcionário da Pide, e a ela competia orientar e coordenar a atividade do campo e proceder à venda dos produtos e géneros produzidos, tendo os membros da comissão direito a remuneração. Deixaram fama em Moçâmedes os lautos fornecimentos de prebendas que regularmente saíam do Campo para serem oferecidas aos notáveis locais.

Quanto à retribuição pelo trabalho forçado de milhares de presos, numa informação feita de forma displicente, diz-se que por vezes lhes eram dadas "algumas quitações".

7. Prisão de quase 500 mulheres

Embora não tenha sido encontrada nenhuma referência expressa à data em que ocorreram os factos, verificámos indiretamente por ofício datado de 9 de fevereiro de 1970, do então já designado como chefe da subdelegação e não chefe de posto da Pide em Moçâmedes, que em maio de 1969 tinham dado entrada no campo de concentração de S. Nicolau 495 mulheres, "transferidas a título definitivo" as quais tinham sido presas no Terreiro, Bolongongo, Quanza Norte.

Essas mulheres teriam sido condenadas a cumprir "medidas de segurança" devido à confusão reinante naquela área e por causa das "makas" foram enviadas por via marítima para o Campo onde chegaram no referido mês de maio de 1969. A documentação consultada não continha nenhum mapa geral da entrada desse enorme contingente de mulheres, qual a data em que se produziu a sua prisão em Bolongongo, quais os motivos (?) invocados para a sua prisão, quais as "penas" que lhes foram aplicadas, etc. Elas só foram mencionadas nos ofícios da Pide a propósito da libertação de alguns presos que terão dado entrada no campo nos anos de 1963 e 1964 e que, ao serem restituídos à liberdade no referido ano de 1970, requereram autorização para serem acompanhados pelas suas companheiras, uma vez que tinham sido autorizados pelo diretor do campo a "amancebar-se" com algumas dessas mulheres.

Em despacho de 29 de dezembro de 1969 o Secretário-Geral a quem a petição tinha sido dirigida, de forma magistral, indeferiu esse pedido decidindo: "As penas são pessoais e não é pelo casamento que terminam"[2]. Tanto quanto pudemos apurar, essas mulheres presas políticas só começaram a ser libertadas gradualmente a partir do ano de 1972.

8. Primeiras libertações

Foi no final do ano de 1969 que na sede da Pide em Luanda se começa a fazer referência à chegada dos primeiros presos libertados em S. Nicolau e dessa lista constam em anotações à margem, e em relação a cada preso, o número do respetivo processo em que tinham sido incluídos processos esses que se reportavam aos anos de 1960 e 1961. Essa referência permite-nos contabilizar o longo período de prisão que haviam sofrido.

Entretanto a nível internacional, permanecia uma pesada cortina de silêncio sobre a situação vivida em Angola.

9. O processo dos estudantes

Entre os meses de outubro e novembro de 1969 foram presos em Luanda cerca de 70 jovens no que ficou conhecido pelo "Processo dos Estudantes". Na Circular nº 4, datada de 25 de junho de 1970, da Comissão Nacional de Socorro aos Presos Políticos constituída em Portugal, foi feita a denúncia das prisões e informado que da totalidade dos presos, 2 que eram angolanos brancos, António Ferreira Neto, médico e Rui Ramos, estudante, tinham sido levados para Lisboa tendo-lhes sido instaurado um processo de caráter político por atividades contra a segurança do Estado. Quanto aos restantes, todos africanos, tinham sido objeto de

[2] Vide documentos anexos 46 e 47.

uma medida de internamento administrativa, quer no Tarrafal (campo que se mantinha em Cabo Verde e que passara a ter a designação de Campo de Chão Bom) quer no campo de S. Nicolau situado em pleno deserto de Moçâmedes em Angola. A denúncia prosseguia aditando-se que nestes casos havia total ausência de processo penal e que as medidas de internamento administrativas eram verdadeiras penas maiores aplicadas à revelia dos tribunais. E concluía-se informando que "só o campo de S. Nicolau conta atualmente com 2900 internados

10. A década de 70

Ao serem restituídos à liberdade ao fim de longos anos de cativeiro, o aspeto dos presos levou a que em nota datada de 27 de abril de 1970, o subdelegado da Pide no Lobito tivesse verificado que: "Hoje desembarcaram do navio Niassa uma centena de indivíduos saídos do C.R. S. Nicolau e alguns da Baía dos Tigres. O seu aspeto era mau, andrajoso contando-se entre eles alguns doentes e mesmo 2 quase cegos".

No final desse ano de 1970 o subdelegado da Pide em Moçâmedes veio dizer à guisa de justificação "...contudo reconhece-se que é deficientíssima essa assistência (médica e de medicamentos) dado o elevado número de pessoas ali residentes (cerca de 6000)".

Foi no decurso do ano de 1970 que se começou a anotar a saída do campo de centenas de prisioneiros que se foram apresentando à Pide nos locais de chegada, ou seja em Luanda, Novo Redondo (Sumbe), Nova Lisboa (Huambo), Silva Porto (Kuito), etc. e que tinham as mais diversas profissões como professores, enfermeiros, catequistas, agricultores etc. E caricaturalmente desta vez foi a Pide que veio insurgir-se contra o facto de "não estar a ser usada a designação de "Centro de Recuperação de S. Nicolau" pois a palavra Campo por forçosa analogia gráfica e auditiva (fazia pensar) em Campo de Concentração".

Em 10 de abril de 1970 o chefe da subdelegação da Pide em Carmona (Uíge) veio dar parecer desfavorável quanto ao regresso de presos de S. Nicolau para o Uíge. Esses presos foram referenciados como pertencentes à Upa e N'To Bako e tinham sido presos nos anos de 1961, 1962, 1963 e 1965.

Em 1971 foram assinalados os regressos de presos para o Huambo, Bailundo e Benguela, bem como de outros para Luanda e para as províncias do Norte de Angola.

Em 19 de abril de 1972 o Pároco da Paróquia de Nossa Senhora de Fátima, em Luanda, enviou uma mensagem urgente ao Governador-Geral de Angola, Rebocho Vaz, sobre a assistência a dar aos desterrados vindos de S. Nicolau e que às dezenas iam sendo trazidos de barco para Luanda, como escala para as suas terras de origem ou de destinação futura e que em Luanda não tinham nenhum familiar nem local onde se abrigar. Estavam esgotados os recursos da Caritas e acrescentava-se que outras autoridades (?) a quem o assunto tinha sido colocado não tinham dado qualquer resposta.

Questionada a subdelegação da Pide em Moçâmedes sobre quantos "residentes" com idades compreendidas entre os 65 e 70 anos se encontravam em S. Nicolau a resposta foi enviada em 21 de junho de 1972, por via telegráfica à subdireção em Luanda: "116 homens e 72 mulheres". Eram pessoas que apesar da sua avançada idade continuavam a purgar longas penas de cativeiro.

No ano de 1972 começaram a surgir na imprensa estrangeira alguns rumores sobre a existência do campo de concentração e, pressionado por esse facto, o governo colonial entendeu começar a aplicar "medidas de clemência" aos "indivíduos sujeitos nas províncias ultramarinas a medidas de segurança, desde que não pendam processos-crime ou não sejam objeto de acusações mais graves". Ficou assim demonstrado que os longos anos de prisão que já tinham sido cumpridos não eram resultantes de qualquer condenação em processo anterior. De facto nesse ano de 1972 produziu-se o movimento de centenas de presos saídos do campo de concentração e enviados para a cidade de Luanda.

11. Encerramento do campo de concentração

O Campo de S. Nicolau só foi encerrado em maio de 1974 depois de ter ocorrido em Portugal a Revolução do 25 de abril e para tal foi necessário que se formasse em Angola um movimento de forte protesto exigindo a imediata libertação dos presos políticos angolanos espalhados por diversas prisões e em especial nos campos de concentração de S. Nicolau e do Tarrafal.

Quando se deu o encerramento do campo de S. Nicolau foi instaurado um processo-crime contra o diretor, João José Barradas de Lima, o qual esteve a cargo da Procuradoria da República organismo que estava então integrado na Secretaria da Justiça do Governo. Pesavam sobre Baltasar de Lima as mais graves acusações e por isso ele foi preso. As denúncias acusavam-no dos seguintes factos:

- No aspeto humano: aplicação generalizada de castigos corporais, impostos com palmatória e com chicote; extermínio físico de alguns detidos cujos corpos eram cremados; existência de uma prisão onde os presos eram internados sem limite de tempo, e de ter celas tão exíguas que o corpo humano não se podia erguer nem deitar; existência de trabalhos forçados nos campos durante 8 horas por dia, sem qualquer pagamento; a existência do trabalho de "gamela" em que os presos transportavam sal de um monte para outro, para de novo desfazerem o que tinham feito.
- No aspeto administrativo foram levantadas diversas suspeitas quanto a desvios de fundos do Estado que eram destinados a pagamento de funcionários inexistentes, compra de bens nunca entrados no campo, depósitos de dinheiros públicos em nome individual, ocultação de receitas produzidas pelo campo, etc.

A turbulência vivida no governo de Angola a partir de 1974, tornou possível que em data indeterminada fosse facilitada a fuga da prisão a Barradas de Lima, ficando o processo de inquérito a criar poeira na Procuradoria da República.

Vieram a lume diversos factos, entre eles a existência da célebre cela n.º 1 no conhecido «CERCO» onde os prisioneiros passavam os 6 primeiros meses para serem submetidos a "teste".

41 – Poemas dos Campos da Morte – Dedicados a Kussi em fevereiro de 1976 (sem autor nem editor indicados):

> "Sigilo quando calavas a revolta da humilhação, da palmatória, do chicote, do servilismo e da miséria e dizias firmemente determinado: serei livre porque aprendi naquela madrugada a não esperar clemência nem favores dos carrascos".

Da descrição oficial do que era o campo de concentração de S. Nicolau não constava o tremendo sofrimento humano que ficou impregnado por aqueles locais e que se encontra ainda hoje por descrever na sua magnitude.

Após a Independência o campo não foi encerrado, mantendo-se em aberto e estando ainda hoje a funcionar como estabelecimento prisional com a designação de Prisão do Bentiaba.

Capítulo VIII
Campo de Concentração do Tarrafal

1. Presos políticos angolanos reabrem o Tarrafal

O Campo do Tarrafal passou a ser crismado com o nome de Chão Bom pela já mencionada Portaria Ministerial de junho de 1961 que teve o cuidado de omitir o local onde se encontrava e que ficara estigmatizado com o nome do campo do Tarrafal onde anos atrás tinham sido encurralados os anti-fascistas portugueses e onde muitos deles perderam a vida. Situava-se na Ilha de Santiago, em Cabo Verde, em local afastado da capital, a cidade da Praia. A sua reabertura terá tido lugar em dezembro de 1961 e para ele foram enviados em fevereiro de 1962 os primeiros presos políticos angolanos.

Os presos angolanos condenados pelo Tribunal Militar Territorial de Angola nos processos nº 41/60, 34/60 e 45/60 a que já nos referimos, foram os primeiros a ir ocupar o campo.

2. 14 anos de prisão maior

Posteriormente foram-se juntar a eles os presos António Jacinto do Amaral Martins, António Dias Cardoso e José Vieira Mateus da Graça aos quais como já referimos, foram aplicadas as mais descomunais penas impostas por aquele Tribunal Militar Territorial de Angola. Os nomes destes 3 patriotas tinha sido mencionado nos primeiros processos políticos instaurados pela Pide pelo que tinham sido presos e depois restituídos a uma precária liberdade. De novo foram presos em finais de 1961, tendo o processo sido remetido ao Tribunal Militar Territorial em 1962. O nosso regresso a Angola permitiu que logo nessa data nos encarregássemos da defesa de António Jacinto. Não foi porém por mera coincidência que poucos dias depois de termos junto aos autos a procuração forense do nosso constituinte, o nosso escritório de advogada fosse mais uma vez objeto de ostensivos atos de vandalismo.

Não devemos no entanto deixar passar em claro que o Acórdão de 22 de julho de 1963 e que foi lavrado pelo juiz substituto, Leão Gomes de Pina e pelos juízes militares Marçal Celorico Moreira e Victor Agostinho Mendonça Frazão, condenou cada um dos réus nas penas de 14 anos de prisão, imputando aos réus a prática do crime previsto no nº 1º do artº 141º do Código Penal. As penas foram ainda acrescidas de medidas de segurança e das demais condenações complementares. Muito embora tivéssemos interposto recurso para o Supremo Tribunal Militar, o qual mais uma vez foi acompanhado de forma desvelada pelo nosso colega Luís Saias em Lisboa, em curto prazo foi proferido por aquele tribunal o Acórdão de 24 de outubro de 1963 que confirmou na íntegra a decisão da primeira instância.

Tratou-se da pena mais pesada que pelo menos nos tribunais especiais a funcionar em Angola, recaiu em acusados de processos políticos. Depois de condenado, António Jacinto endereçou ao Governador-Geral uma petição em que solicitava que lhe fosse permitido cumprir a sua longa pena na cadeia central de Luanda, ainda que em dependência separada dos detidos comuns, mas esse seu pedido foi ignorado, seguindo os 3 intelectuais e patriotas para Cabo Verde, para o campo de concentração do Tarrafal.

O campo de concentração do Tarrafal isolado no Atlântico, mantendo-os longe de familiares e amigos dos prisioneiros era considerado como o mais apropriado para os receber.[1]

3. As prorrogações das medidas de segurança

Da primeira remessa de presos relativos aos primeiros processos julgados em Tribunal Militar e que tinham entrado no campo de concentração do Tarrafal em princípios de 1962, o primeiro a ser restituído à liberdade foi André Franco de Sousa, em novembro de 1963, dado que

[1] António Jacinto "Sobreviver em Tarrafal de Santiago", Luanda, INALD, s.d., p.22, do poema Jornada "...Cá vamos/na nave espacial TERRA/...em Santiago, Cabo Verde.../Mais precisamente/No Tarrafal/No Campo de Trabalho de Chão Bom/...No Pavilhão D/Caserna 2/Dos reclusos políticos de Angola."

pela sentença que o condenou tinha sido isento de medidas de segurança. Mas a sorte dos outros presos foi bem mais adversa.

O mecanismo legal estava já instalado de forma que os presos independentemente das penas que tivessem sofrido, se mantivessem no presídio pelo tempo que a Pide entendesse conveniente. Muito embora à face da lei coubesse ao diretor do campo de concentração fazer as propostas ao juiz do Tribunal de Execução de Penas para a libertação dos presos, a realidade era bem diferente. Os constantes ofícios trocados entre os sucessivos diretores do campo e as estruturas da Pide em Luanda e Lisboa evidenciam essa total subordinação. Deste modo no desenrolar dos anos foi-se verificando que apesar do Tribunal Militar Territorial de Angola, em Luanda, ir dando por findos os prazos das penas impostas e ir mandando ofícios para o diretor do campo que desligavam os presos dos processos em que tinham sido condenados pelo facto de terem completado o prazo de cumprimento das penas, e isto sem se ter feito o desconto integral dos longos períodos de prisão preventiva, a situação dos presos permanecia inalterável.

Em 1964 o então Tribunal de Menores, do Trabalho e de Execução de Penas de Luanda declarou-se incompetente em razão do território para conhecer das questões relativas aos presos políticos angolanos que tinham sido condenados pelo Tribunal Militar Territorial, pelo facto de terem sido levados para fora de Angola. Por isso os processos foram enviados para o Tribunal de Sotavento na cidade da Praia, em Cabo Verde, em cuja área de jurisdição se situava o campo de concentração do Tarrafal. Esta decisão estava de acordo com o disposto no artº 2º da Portaria nº 17 355 que tornara extensivo às Colónias o Decreto-Lei nº 40 550 relativo às medidas de segurança. E mesmo que o preso fosse restituído à liberdade, o tempo de duração da liberdade condicional e o futuro local de residência tinham que ser fixados de acordo com a proposta do diretor do campo o que por outras palavras significava que tinham que ser ditados pela Pide. A intervenção do tribunal estava assim, no geral, reduzida a ser uma mera capa de sancionamento do que vinha proposto

O que aconteceu foi que os presos políticos angolanos internados no Tarrafal foram vendo as suas penas sucessivamente prolongadas sob a cobertura de prorrogação das medidas de segurança. Isto sem embargo de estarem esgotados tanto os prazos das penas impostas como os das medidas de segurança.

Assim foi quanto aos presos José Manuel Lisboa, Manuel dos Santos Júnior, Higino Aires Alves de Sousa, Sebastião Gaspar Domingos, João Lopes Teixeira, Manuel Bernardo de Sousa, José Diogo Ventura, Adão Domingos Martins e Carlos Aniceto Vieira Dias que já tinham cumprido na íntegra as penas em que tinham sido condenados. Findo o período das penas, elas tinham sido cumuladas com mais 3 anos de medidas de segurança, ou seja aplicadas na sua extensão máxima, acrescidas de forma sucessiva por períodos de mais 6 meses que se foram somando de 30 de setembro de 1966 a 2 de dezembro de 1967.

4. Os "irrecuperáveis"

Sobre os presos o diretor do campo de concentração, José da Silva Vigário "escrupulosamente" prestou à Pide a seguinte informação:

> "...de todos existe a impressão de que são elementos irrecuperáveis por não abdicarem das convicções que os levaram à situação em que se encontram".

Na mesma sintonia a subdelegação da Pide em Luanda enviou à direção geral da Pide em Lisboa um ofício confidencial sobre os reclusos do "Campo de Trabalho de Chão Bom" em que ficou expresso o seguinte:

> "O director do Campo de Trabalho de Chão Bom considera os reclusos irrecuperáveis (sublinhado nosso) e por isso não se compreende que proponha a sua liberdade condicional, muito embora com residência fixa. Os reclusos só serão soltos através de mandado do Tribunal que os condenou. Cumpre no entanto à Polícia Internacional e de Defesa do Estado a elaboração das propostas para a prorrogação das medidas de segurança" e mencionava-se como sendo especialmente perigosos os presos Higino Aires Alves de Sousa, Sebastião Gaspar Domingos, João Lopes Teixeira, Manuel Bernardo de Sousa, José Diogo Ventura, Adão Domingos Martins, Carlos Aniceto Vieira Dias e Florêncio Gamaliel Gaspar. Por isso a Pide opunha-se à sua libertação e ao seu regresso a Angola. Em conclusão foi proposto que, pela subdelegação da Pide em Cabo Verde ou por "pessoal qualificado", os presos fossem de novo ouvidos sobre "o grau de arreigamento quanto às suas convicções e actividades que conduziram à sua actual situação".

Os presos viram assim as medidas de segurança ilegalmente prorrogadas depois de cumprido esse período inicial de 3 anos que devia ser único.

António Pedro Benge veio a falecer durante o cumprimento da pena e o preso António Marques Monteiro conseguiu escapar mais cedo do cativeiro devido ao seu grave estado de saúde e o mesmo aconteceu com Fernando Pascoal da Costa que em razão da sua muito avançada idade foi libertado no final da década de 60, mas tanto um como o outro regressaram a Angola para virem a falecer pouco depois.

Higino Aires cuja pena de prisão maior terminara em 1964 e que já expurgara o cumprimento de tempo máximo de medidas de segurança passou, tal como os outro presos políticos, a ser alvo de sucessivas prorrogações pelo período de 6 meses das medidas de segurança.

Com verdadeiro sadismo foi-se impondo nova forma de tortura psicológica aos presos que depois de tantos anos de cativeiro em duríssimas condições cometiam o "crime" de não abdicarem das suas mais profundas convicções pelas quais tinham feito o sacrifício da sua liberdade e afinal empenhado o melhor das suas vidas.

5. Recurso do despacho de prorrogação

Em Luanda fomos alertadas para o que se estava a passar no campo de concentração do Tarrafal, dentro do qual eram postas todas as dificuldades de comunicação com o exterior. Ficava demonstrado como era difícil aos presos defenderem-se a milhares de quilómetros de distância da sua pátria, isolados de seus familiares e amigos, sem quaisquer pessoas conhecidas naquela longínqua ilha no meio do Atlântico. O preso político angolano estava entregue à sua sorte, melhor dizendo à sua má sorte, e completamente desamparado.

Em 1968 o nosso constituinte Higino Aires Alves de Sousa conseguiu pôr-se em contacto connosco e dar-nos conhecimento de estar a ser atingido pelas prorrogações ilegais das medidas de segurança e pediu-nos o nosso conselho profissional. Passámos nós a trocar correspondência que se processava sob a vigilância e censura do diretor do campo. Curiosamente mas sem nenhuma surpresa, ao compulsarmos as pastas da documentação arquivada da Pide, verificámos que o diretor do campo de concentração que era à data Eduardo Vieira Fontes, prestimosamente, ia informando a Pide peça por peça, do teor da correspondência trocada com o nosso constituinte, sem qualquer respeito pelo sigilo profissional que devia ser respeitado.

Foi assim apresentado ao juiz da Comarca de Sotavento um requerimento cuja minuta foi por nós enviada a Higino Aires no qual se invocava a nulidade dos despachos que tinham sido proferidos pelo tribunal e que tinham prorrogado a prisão que tinha passado a ser designada como "medidas de segurança de internamento" e que foram proferidos respetivamente em 15 de maio de 1967, 31 de outubro de 1967, 24 de abril de 1968, e 22 de outubro de 1968. A reclamação baseava-se no fundamento legal desses despachos serem totalmente omissos quanto à disposição legal em que se baseavam. A reclamação contra a nulidade desses despachos foi considerada intempestiva por ter sido apresentada fora de prazo e por isso o juiz Dionísio Manuel Dinis Alves "a não apreciou".

Era por demais evidente que o que estava em apreciação era a questão de fundo da flagrante ilegalidade da manutenção da situação prisional após o cumprimento integral quer da pena de prisão quer do tempo máximo de medidas de segurança e essa ilegalidade poderia ser apreciada em qualquer altura e devia até ser do conhecimento oficioso do próprio tribunal, como desde logo alertei Higino Aires.

Sem nenhum abalo, o juiz prorrogou por despacho de 16 de maio de 1969 a medida de segurança, considerando que:

> "Ouvido em declarações, o recluso manteve os seus pontos de vista de natureza política, ou seja em suma, a independência da Província Ultramarina de Angola... Em face das declarações afigura-se altamente prejudicial a soltura imediata do recluso, mesmo através do instituto da liberdade condicional, pois não oferece quaisquer garantias de que em liberdade deixe de propagar as suas ideias subversivas", despacho este assinado pelo referido Dionísio Manuel Dinis Alves.

Por via de correspondência telegráfica indicámos a Higino Aires que devia ser interposto recurso deste despacho para o Tribunal da Relação de Lisboa que tinha jurisdição sobre os tribunais de Cabo Verde. O recurso foi admitido por despacho de 11 de junho seguinte. Foi então nomeado como defensor oficioso do recorrente, o advogado da cidade da Praia, Felisberto Vieira Lopes que empenhadamente acompanhou o recurso permitindo que o mesmo não soçobrasse. Embora só tenha sido notificado para apresentar as suas alegações de recurso a um dia do fim do prazo, logo se prontificou a intervir no processo e a apresentar as alegações sem as quais o recurso nem sequer teria prosseguido.

Conhecedoras da sua nomeação como defensor oficioso do nosso constituinte, passámos a trocar correspondência com Vieira Lopes e indicámos-lhe que deveria substabelecer os seus poderes no advogado Luís Saias em Lisboa, para ali acompanhar o andamento do recurso[2].

Em Lisboa foi mais uma vez Luís Saias que, com o habitual desvelo e rigor profissional, prestou desinteressadamente toda a colaboração que lhe foi pedida.

O recurso foi decidido por Acórdão do Tribunal da Relação de Lisboa de 12 de novembro de 1969 e dele foi juiz relator João Maria Martins e juízes adjuntos Borges da Gama e Arala Chaves. Neste Acórdão foi reconhecido que não estando em vigor nas colónias o artº 7º do Decreto-Lei nº 40 550 que permitia a prorrogação das medidas de segurança de internamento por períodos sucessivos de 3 anos aos delinquentes políticos, isto por força do disposto no nº 3º da Portaria 17 355, elas não podiam ser extensivas para além do período máximo de internamento que era o de 3 anos. No Acórdão fez-se menção ao parecer negativo prestado pelo diretor do campo sobre Higino Aires e seus companheiros de cativeiro "de todos existe a impressão de serem irrecuperáveis por não abdicarem das suas convicções". E mais adiante ao analisar as declarações prestadas nos autos pelo recorrente, o qual se tinha expressado no sentido de que Angola era uma colónia e não uma província ultramarina e que se não fosse possível a obtenção da independência por meios pacíficos entendia como legítimo o recurso a meios mais drásticos, tal como Portugal havia feito em relação a Castela, entendeu o Acórdão que se tratava de "opiniões que por si só não revelavam acentuada perigosidade". O segundo juiz adjunto votou vencido, mas quanto à improrrogabilidade das medidas de segurança a decisão foi favorável e o preso mandado restituir à liberdade, embora fosse mandado ficar sob vigilância da Pide, em regime de liberdade vigiada.

A sua libertação veio a verificar-se em novembro de 1969, quando já tinha expiado 10 anos e meio de prisão. Infelizmente Higino Aires perdeu a vida num tristíssimo acidente ocorrido em janeiro de 1970. O Ministério Público insatisfeito com a "prematura" libertação do preso interpôs recurso para o Supremo Tribunal de Justiça. Foi mais uma

[2] A Ordem dos Advogados de Angola em abril de 2002, aquando da realização em Luanda do V Encontro do Conselho Permanente das Ordens e Associações de Advogados de Língua Portuguesa, promoveu uma comovedora homenagem a Felisberto Vieira Lopes e a nós próprias propondo-nos como referência de cooperação entre advogados no espaço lusófono.

vez o advogado Luís Saias, em Lisboa, quem apresentou as alegações de recurso para aquele tribunal.

6. Correcção da "lacuna"

Entretanto o diretor do campo de concentração do Tarrafal ia mantendo a Pide informada sobre o andamento do recurso e alertou para a necessidade de se alterar a lei "pois sem ela se impossibilitava o tribunal de continuar a prorrogar as medidas de segurança".

A nosso ver, este aviso feito de forma expressa, era revelador de que tanto a Pide como o diretor do campo, como o juiz do Tribunal da Praia, tinham perfeito conhecimento de que as sucessivas prorrogações das medidas de segurança eram ILEGAIS mas, convencidos de que os presos políticos angolanos isolados no remoto lugar do Tarrafal não tinham hipóteses de defesa, iam continuando a manter activa a máquina repressiva!

No entanto o alerta estava dado e o regime ditatorial veio pressuroso tornar extensivo ao "ultramar" pelo já citado Decreto nº 49 374 de 21 de novembro de 1969, os artigos 7º, 8º e 9º do Decreto-Lei nº 40 550 que permitiam as sucessivas prorrogações da pena de prisão configurando a possibilidade da prisão perpétua. Estava assim fechado o cerco e colmatada a lacuna.

7. Deportação para o Tarrafal sem julgamento

Entretanto, animado pelo silêncio que reinava a nível internacional sobre a aplicação aos patriotas angolanos das "medidas de segurança de fixação de residência" dentro dos campos de concentração, em finais do ano de 1969 o governo colonial em acção conjunta com a Pide, começou a enviar para o Tarrafal presos políticos que não tinham sido submetidos a julgamento. Esta nova estratégia devia ter partido das estruturas máximas do poder colonial. Foi usado precisamente o mesmo estratagema que vinha a ser aplicado dentro das fronteiras de Angola: prisão pela Pide, proposta pela Pide da duração da pena, despacho do Governador-Geral a sancionar a proposta, remessa ao Ministro do Ultramar para cobertura final. Só que por mera cautela, omitia-se por completo a publicação no Diário do Governo desses tenebrosos despachos.

No processo-crime nº 161/69 movido contra militantes da Unita, em 13 de agosto de 1969 o diretor provincial da Pide, Abílio Alcarva endereçou ao Governador-Geral de Angola uma proposta que dizia respeito a 16 presos entre os quais se encontravam Eduardo Jonatão Chingunji, César da Silva Teixeira, Afonso Figueira, Eduardo Sá Moura Cruz, Pedro Chimbinda Gonçalo e Evaristo Armando. Era-lhes imputado terem constituído "um poderoso comité político-subversivo terrorista do movimento clandestino denominado UNITA, comité que não se limitou à cidade do Luso [Luena], mas antes se estendeu a outros distritos, nomeadamente Silva Porto [Kuito] e Nova Lisboa [Huambo] onde recrutou agentes subversivos para o aliciamento das populações e a recolha de fundos, tendo-se já averiguado que nos 3 distritos citados tinham aliciado cerca de 170 indivíduos, entre homens e mulheres".

Era apontado como o principal responsável de toda a subversão o professor primário Eduardo Jonatão Chingunji.

Por despacho do Secretário geral, Mário Governo Montês, de 26 de agosto de 1969 foram aplicadas, de acordo com a proposta apresentada pela Pide, as medidas de segurança de internamento por 12 anos a Eduardo Jonatão Chingunji e por 10 anos a todos os restantes, sendo o local de cumprimento "em Chão Bom, em Cabo Verde". O despacho finalizava dizendo "pedir a necessária autorização", o que por outras palavras significava que por mera rotina burocrática, o despacho iria obter a chancela do Ministro do Ultramar, sem sobressaltos nem obstruções.[3]

De acordo com a documentação compulsada concluímos que a pena de 12 anos de prisão imposta a Jonatão Chingunji por mero despacho administrativo, foi a mais descomunal com que nos deparámos e foi a mesma que foi igualmente imposta a Manuel Pedro Pacavira que foi também enviado para o campo de concentração do Tarrafal em 1969 condenado a 12 anos de prisão.

Eduardo Jonatão Chingunji foi de facto enviado para o Tarrafal e ali prestava assistência religiosa aos demais presos de religião protestante. Somente viria a ser libertado tal como os demais presos políticos, em maio de 1974, após a Revolução do 25 de abril.

No processo a que já nos referimos, movido em 1969 contra 70 presos políticos e que ficou conhecido como o "processo dos estudantes", por despacho de 9 de abril de 1970 do Ministro do Ultramar foi enviada nova remessa de presos políticos angolanos para o campo de concentração do Tarrafal.

[3] Vide documento Anexo 48.

Num relatório subscrito pelo diretor do campo, Eduardo Vieira Fontes e datado de 14 de maio de 1970 foi descrito o desembarque de 14 presos políticos angolanos a quem tinham sido impostas "medidas de internamento por períodos que vão de 6 a 10 anos".[4] Ele é esclarecedor da forma como funcionava todo o mecanismo de repressão que se abatia sobre os presos políticos levados sob cativeiro para longe do seu país, sujeitos à violação das suas bagagens e à censura sobre os materiais de leitura que consigo levavam. Em 27 de junho de 1970 o mesmo diretor do campo elabora uma lista nominal no total de 40 nomes, dos quais 2 tinham entrado no campo em 1969 e os restantes 38, nos quais se incluíam os 14 acima referidos, entrados no campo em 1970 e que tinham sido alvo de penas de prisão que iam dum mínimo de 3 anos até ao máximo de 12 anos como mencionámos.

8. Pedidos de "habeas corpus"

Inconformadas com esta situação, as famílias de alguns desses presos políticos contactaram-nos pedindo-nos a nossa ajuda profissional. Tratava-se duma flagrante ilegalidade mesmo à luz do sistema jurídico então vigente. Em nosso entender era de usar a providência legal do "habeas corpus" que o sistema ditatorial de então tinha introduzido em 1945 pelo Decreto-Lei nº 35 043 de 20 de outubro, depois da vitória das forças democráticas no fim da II Guerra Mundial. Como advogada de presos políticos já tínhamos vivido na pele os riscos do pedido da providência de "habeas corpus", riscos estes que recaíam sobre a pessoa do advogado se a providência viesse a ser rejeitada.

Precisamente no ano de 1969 nós tínhamos formulado 6 pedidos de "habeas corpus" em nome de presos políticos vindos de Cabinda e que se encontravam há longos anos, mais de 6 anos, a cumprir prisão efectiva na Casa de Reclusão Militar, em Luanda e que se desconhecia terem sido levados a julgamento. Alertadas para essa situação aceitámos tomar a defesa dos presos e deslocámo-nos à Casa de Reclusão para conferenciar com os presos. Como todos eles nos tivessem confirmado que não tinham sido objeto de qualquer processo judicial, formulámos os 6 pedidos de libertação dos presos dirigidos ao Supremo Tribunal de Justiça. No decorrer dos processos veio-se a apurar que afinal um

[4] Vide documento Anexo 49.

dos presos, Gabriel Puaty, tinha sido condenado num processo comum pela prática de crimes ligados a "atividades terroristas". Em razão desse facto aquele Supremo Tribunal de Justiça em Lisboa, condenou-nos na nossa qualidade de advogada do preso, em pena de multa e na medida de suspensão de atividade profissional pelo período de 3 meses, o que como era evidente, nos foi lesar gravemente uma vez que vivíamos exclusivamente do exercício da profissão forense.

Mas já relativamente aos prevaricadores que tinham mantido ilegalmente sob prisão os outros 5 presos, que foram entretanto libertados, a lei era inteiramente omissa quanto à aplicação de qualquer punição!

Conhecedoras destes riscos quando fomos procuradas pelas famílias de alguns dos jovens estudantes enviados para o Tarrafal, demos a nossa orientação profissional sob o maior sigilo e explicámos quanto de delicado tinha a formulação de tal providência de "habeas corpus", a qual teria obrigatoriamente que ser formulada perante o Supremo Tribunal de Justiça em Lisboa. Acrescia o facto de os presos se encontrarem em Cabo Verde, fora da nossa área de exercício de atividade profissional, pelo que teria que ser subscrito por advogado inscrito em Portugal que deveria intervir em representação dum familiar próximo do preso, e que nestes processos foram as mães ou esposas dos presos.

Os documentos indispensáveis à apresentação do pedido foram enviados por mão própria sob rigoroso segredo, e os familiares dos presos foram acolhidos por uma plêiade de advogados progressistas, portugueses que em equipa, se prontificaram a defender os presos políticos angolanos. Foram eles Levy Batista, Salgado Zenha, Abranches Ferrão, Manuel João da Palma Carlos que corajosamente e de forma totalmente desinteressada, assumiram o risco de irem pedir em nome dos presos a sua libertação por prisão ilegal.

Os presos a que se referiram os pedidos de "habeas corpus" foram Eduardo Artur Santana Valentim, representado por Salgado Zenha e Levy Batista, Jaime Gaspar Cohen, Tito Armando dos Santos, Gilberto António Saraiva de Carvalho, Aldemiro Justino Vaz da Conceição, Alberto Correia Neto, todos representados por Palma Carlos e Levy Batista, Justino Feltro Pinto de Andrade, Vicente Pinto de Andrade e Bernardo Lopes Teixeira, defendidos por Abranches Ferrão e Levy Batista.

Aliás foi o advogado Levy Batista que desveladamente centralizou e orientou toda a intervenção nestes processos subscrevendo todos os pedidos. O que foi a luta desencadeada pelos advogados progressistas portugueses em defesa dos patriotas angolanos ficou salvaguardado num pequeno livro publicado que nos ajuda a acompanhar os episódios desse combate.[5]

Na "Nota Introdutória" desse livro Levy Batista explica:

> "Entre outubro e novembro de 1969 foram presas em Luanda pela Pide (actual Direcção Geral de Segurança) 14 pessoas, trabalhadores e estudantes de cursos médios e da Universidade a quem não foi comunicada a razão da detenção nem entregue qualquer nota de culpa. Em fins de abril de 1970, transferidos da cadeia daquela polícia para destino desconhecido, foram embarcados no cargueiro Manuel Alfredo, no qual servindo os camarotes de celas, donde não podiam sair (...) foram baldeados para uma fragata da marinha de guerra que os levou à Ilha de Santiago [onde] junto à pequena vila do Tarrafal situa-se o antigo Campo de Concentração do mesmo nome (...) agora o chamado Campo de Trabalho de Chão Bom (...) O mais que lhes foi dado saber através de uma ligeira referência do respectivo director, foi que por simples despacho administrativo lhes haviam sido aplicadas verdadeiras penas de prisão maior, de 6, 8 ou 10 anos".

As peças processuais que ali vêm transcritas desses processos que vieram sacudir a teia de impunidades e ilegalidades que se vinham acumulando de anos atrás, são demonstrativas dos sobressaltos causados ao sistema fascista e do autêntico jogo de cabra-cega que as autoridades responsáveis procuraram desenvolver para ocultar o que era por demais evidente, a flagrante violação da lei vigente de justiça penal.

Nessas manobras a estrutura repressiva, integrada pela Pide, diretor do campo de concentração, órgãos do ministério do ultramar, do governo colonial de Angola e inclusivamente em certos casos com a cobertura do aparelho judicial, funcionou em consonância, para obstar a que a lei fosse cumprida.

No processo de Eduardo Artur Santana Valentim, o inspector superior da Pide, Barbieri Cardoso, informou o Presidente do Tribunal da Relação de Lisboa que a medida administrativa aplicada "não é privativa

[5] Fernando de Abranches-Ferrão, Francisco Salgado Zenha, Levy Batista e Manuel João da Palma Carlos "Angolanos no Tarrafal", Porto, Edições Afrontamento, 1974.

de liberdade e consequentemente não se encontra recluso no campo de trabalho de Chão Bom em Cabo Verde mas tão-somente a residir na ilha de Santiago".

Por sua vez chamado a esclarecer a situação, o então diretor geral do Ministério do Ultramar, Pinto Furtado, veio comunicar que Eduardo Artur Santana Valentim deixara de ter residência na Ilha de Santiago e que por despacho do Ministro do Ultramar lhe tinha sido fixada residência no sul da Província de Angola, no distrito de Moçâmedes. Em Acórdão de novembro de 1971 aquele Supremo Tribunal adiantou que a medida de fixação de residência não permitia o internamento no campo de trabalho de Chão Bom, mas somente que se fixasse a residência em determinado local, mas pelo que constava do ofício do referido diretor Pinto Furtado a situação tinha-se alterado pelo que o filho da requerente já se não encontrava detido e por isso não havia que decretar a providência.

A verdade era porém bem outra: o preso fora arrebatado do campo de concentração do Tarrafal, para ser levado para o campo de concentração de S. Nicolau, tendo estado sempre sob prisão em Caxias, em Lisboa e depois em Setúbal, e trazido para Angola para as prisões da Pide e daí para S. Nicolau. Embora tenha sido invocada a real situação do preso e descrito todo o percurso por ele percorrido desde a apresentação em juízo do pedido da providência, até à falsa informação prestada pelo funcionário ministerial, o relator do Supremo Tribunal de Justiça entendeu que por se tratar de factos novos devia ser formulado novo pedido de "habeas corpus".

Foi apresentada 2ª petição desse pedido e entretanto Eduardo Artur Santana Valentim foi retirado do S. Nicolau e enviado para a Baía dos Tigres, para trabalhar numa empresa de pesca, pelo que perante essa nova situação do preso o pedido foi indeferido.

No pedido de "habeas corpus" relativo a Jaime Gaspar Cohen a encenação repete-se: o diretor da Pide Silva Pais foi dizer que ele não estava preso mas a residir na "ilha de Santiago", informação essa confirmada pelo mesmo diretor geral do Ministério do Ultramar, Pinto Furtado, de que o mesmo não estava preso mas tão só com residência na Ilha de Santiago em Cabo Verde. Desta vez o Supremo Tribunal deu-se por satisfeito com as informações colhidas das próprias autoridades implicadas nas ilegalidades e indeferiu o pedido.

Inconformados com esta decisão, de novo foram formulados pedidos então referentes aos presos Bernardo Lopes Teixeira, Jaime Gaspar Cohen e Gilberto António Saraiva de Carvalho, os quais são rejeitados liminarmente por, em virtude de alterações introduzidas ao processo penal, terem de passar a ser apresentadas diretamente ao juiz da Comarca de Sotavento, em Cabo Verde. Foi satisfeita esta nova prescrição, sem embargo de que ela na prática representava mais um obstáculo ao exercício do direito da defesa.

Reiniciado o processo, foram de novo recolhidas as informações das entidades envolvidas. Questionado o já referido diretor Pinto Furtado, em tom agastado disse no seu ofício de resposta "...a situação do interessado é de cumprimento de medida de segurança. Esta foi oportuna e competentemente aplicada com observância das leis em vigor... apresentando-se de todo descabida a pretensão firmada pelo familiar do interessado".

Desta vez porém o Supremo Tribunal de Justiça não se ficou pelas meras informações dadas por ofício pela Pide e pelo Ministério do Ultramar e em Acórdão resolveu mandar ao juiz de Sotavento que procedesse a inquérito urgente sobre a situação das pessoas a quem os pedidos se referiam, ordenando que fossem ouvidas as pessoas visadas e que se procedesse às diligências pertinentes ao esclarecimento da sua real situação. Foram os presos ouvidos em declarações pelo juiz esclarecendo os antecedentes da sua prisão pela Pide, transporte sob prisão para o Tarrafal, inexistência de qualquer acusação ou condenação e mera informação oral dada pelo diretor do Tarrafal sobre a extensão da medida de segurança que lhes tinha sido aplicada, qual o quotidiano da sua vivência dentro do campo de concentração, etc. Por sua vez foi também ouvido Eduardo Vieira Fontes que contorcendo-se perante a verdade disse ser o campo "um estabelecimento de residência".

O juiz de Sotavento, Dionísio Manuel Alves, apresentou um relatório sobre o campo do Tarrafal em que procurando omitir o facto dos peticionários se encontrarem em efetiva prisão, pois era isso que como magistrado lhe cumpria esclarecer, termina de forma idílica dizendo "os indivíduos (...) gastam o seu tempo como bem entendem (...) dormem num dos pavilhões, mas gastam as horas do dia a seu bel-prazer, lendo, conversando, praticando os desportos do seu agrado e dando passeios nas áreas do Campo de Trabalho".

Sem embargo destas mistificações e dignificando a justiça portuguesa, o Supremo Tribunal de Justiça proferiu o Acórdão de 27 de junho de 1973 em que se concluiu que as pessoas em causa estavam efetivamente presas e ordenou que fossem imediatamente restituídas à liberdade, sem prejuízo da medida de fixação de residência que lhes fora aplicada.

Mas assim não aconteceu. Quanto a Eduardo Valentim ele foi retirado da Baía dos Tigres e reenviado para o campo de concentração de S. Nicolau em princípios de 1972 tendo sido colocado no campo S. Nicolau II, no setor de choque, onde ficou sujeito a trabalhos forçados e foi posto a trabalhar na pedreira, a partir e a arrancar pedra, a despeito do seu deficiente estado de saúde. Quanto aos demais presos que se encontravam no Tarrafal, Bernardo Teixeira, Gilberto de Carvalho e Jaime Cohen nunca chegaram a ser restituídos à liberdade. Foi seguido o mesmo "método" já usado em relação a Eduardo Valentim: foram retirados do Tarrafal, levados sob prisão para Lisboa, internados em Caxias, trazidos sob prisão para Luanda e daí enviados para o campo de concentração de S. Nicolau, onde lhes foi mostrado, para logo depois lhes ser retirado, um despacho do então Governador-Geral Soares Carneiro, datado de 13 de julho de 1973, em que de acordo com a informação-proposta da DGS – ex-Pide, lhes era fixada a pena de 3 anos de internamento naquele Campo.

Entretanto os familiares dos presos com completo desconhecimento destas manobras, debalde procuravam saber do seu paradeiro.

Este quadro demonstra que a despeito da decisão do mais alto tribunal português ter postergado todo o procedimento usado, a estrutura colonial desrespeitando a sua própria lei e a justiça, estava disposta a repor na sua plenitude todo o ciclo de prisões sem sentenças judiciais e por meros despachos administrativos que se limitavam a capear as propostas da Pide.

Pertence à história o facto de ter sido a Revolução do 25 de abril em Portugal conjuntamente com as lutas de libertação desencadeadas pelos povos colonizados que vieram pôr fim à ditadura colonial e fascista, fazendo terminar o pesadelo vivido durante longas décadas. Os presos políticos angolanos que estavam no campo de concentração do Tarrafal só foram efetivamente postos em liberdade em maio de 1974, tendo sido necessária a intervenção das forças democráticas de Angola e de

Portugal para que se satisfizesse a reivindicação gritada em "slogan": "Libertação Total de Todos os Presos Políticos".

A jovem República de Cabo Verde pretende transformar o sinistro campo de concentração do Tarrafal num museu onde a memória dos anos de sofrimento vividos pelos prisioneiros políticos dentro dos seus muros pode ser revisitada e evocada pelas novas gerações.

Anexo Documental

ANEXO 1

328

Exmº Senhor

Director-Geral da Policia Internacional e

20/59-S.R. de Defesa do Estado

L I S B O A

CONFIDENCIAL

Tenho a honra de informar V.Exª. que durante a madrugada de hoje houve larga distribuição de "panfletos" separatistas nesta cidade.

Juntam-se fotocópias dêsses panfletos.

A bem da Nação

Luanda e Delegação da Policia Internacional e de Defesa do Estado,10 de Janeiro de 1959

O SUBDIRECTOR,Intº.

Anibal de São José Lopes
Inspector

Anexos:- 2 docmentos.

AL/LM.

ANEXO 2

FOTOCÓPIA

I N F O R M A Ç Ã O

ORGANIZAÇÃO DA U.P.A.

EM LUANDA:

GRUPO A

Mariano dos Santos
Paisinho
João
Gabriel Leitão
Francisco Machado
Aristides Van Dunem
Noé da Silva Neto
Boaventura
Mestiço da Casa Bamba

GRUPO B

Pascoal
~~Gaspar~~
Benge
Mendes de Carvalho
Mario Silva

Estes dois Grupos estão em contacto com o Nekaka, por intermédio do Costa M'Kodo.

O Mariano está em ligação com Ghana, por intermédio do "George"

GRUPO C

André Sousa
Higino Aires
Ilidio Machado
Padre Pinto de Andrade
Padre Nascimento
Padre Franklim
José Bernardo Domingos MML
Matias Migueis

Este Grupo está em ligação com Ghana por intermédio do "George"

Nativos sem ligação aparente com estes Grupos

Victor de Carvalho
Pedro Casimiro
Xamindele Vuatu
Pedro
Elidio

Estão em ligação com o Nekaka, pelo N'Kodo

Francisco Webba e Gama (func. da Alf. Luanda), estão em ligação entre si, com o Fernando Bolo.

O Webba, quer entrar para o Grupo do Pascoal (B), mas não é aceite, por ser bebado e muito falador.

No Grupo (A), notam-se nativos entre os 15 a 30 anos.
No Grupo (B), são de maioridade e não serem novos. São mais seguros a trabalhar

Luanda, 24 de Janeiro de 1959.

ANEXO 3

829

- - - - - - - - - - AUTO DE BUSCA E APREENSÃO - - -

Aos vinte e nove dias do mês de Março do ano de mil novecentos e cinquenta e nove, nesta casa de residência do FERNANDO PASCOAL DA COSTA, sita no Muceque Rangel, junto à Avenida Brasil, nesta cidade, estando presente o chefe de brigada, FRANCISCO BARTOLOMEU DA COSTA LONTRÃO, comigo, Manuel Teixeira da Mota, agente, servindo de escrivão, ambos da Polícia Internacional e de Defesa do Estado, e acompanhados do respectivo locatário e das testemunhas MANUEL MOREIRA FERREIRA e JOSÉ MARIA SOARES DA SILVA, também agentes da mesma Polícia, no cumprimento de ordem superior, foi feita uma busca a fim de apreender documentos ou objectos que interessem à matéria dos autos.- - - - - - - - - - - - - - - - - - - -

E, finda ela, foi encontrado o seguinte:- - - - - - - -

Um papel encimado por Janeiro novecentos e cinquenta e nove; um envelope encimado por Presidente da Tunísia e um vale assinado por NOBRE PEREIRA DIAS e ainda uma nota de cinquentaescudos, do Banco de Angola, com o número " catorze A W um milhão setecentos e noventa e oito mil e quatrocentos e vinte e oito";- - - - - - - - - -

Uma carta dactilografada, de Sá da Bandeira, sete de Agosto, digo, Abril de mil novecentos e cinquenta e quatro;- -

Um panfleto ciclostilado, editado pelo "Movimento de Li

bertação Nacional", com o título "O GRITO DE GUERRA";—
Uma carta dactilografada e dirigida a CAPUCHO JOÃO;- -
Uma espingarda, de um cano, calibre dez vírgula setenta
e cinco, de marca "FN", com o número dezanove mil e ses
senta e nove, com o respectivo estojo em lona e cabedal;
Licença para uso e porte de arma de caça, número novecen
tos e sessenta e sete, passada a favor de FERNANDO PAS-
COAL DA COSTA (locatário); licença de caça M/D, sob o
número cento e trinta e quatro, válida até trinta e um
de Dezembro de mil novecentos e cinquenta e nove e o Li
vrete de Manifesto de Armas, sob o número dez mil setecentos e sessenta e cinco, respeitante à mesma arma; e
SEIS cartuchos, de marca "KYNOCH", de projéctil expansi
vo, -
pelo que foram apreendidos e transferidos para a Delega
ção desta Polícia.- - - - - - - - - - - - - - - - - -
E, para constar, se lavrou o presente auto, que depois
de lido em voz alta, todos o acharam conforme, ratifi-
caram e vão assinar comigo, escrivão, que o dactilogra-
fei e revi.- -

ANEXO 4

(anexo 2)

Anexo 4

323

TORRA TOMBO

CONFERÊNCIA DE ACCRA

****

Na Conferência de Accra, de todos os povos de Àfrica, o jóvem TOM MBOYA que presidiu a mesma disse: "Os Portugueses conseguiram até agora manter o território (Angola) sob uma cortina de ferro. Eles mantiveram exclusivamente sem qualquer possibilidade de se saber deles cá fora. Seria mais conveniente/adequado que os Delegados de Angola falassem pessoalmente na Conferência, mas isso é exactamente o impossível em virtude das actuais condições do território". A assistência irrompeu com gritos de

"VERGONHOSO! VERGONHOSO!!".

TOM MBOYA, leu então a mensagem apresentada por um membro daUNIÃO DAS POPULAÇÕES DE ANGOLA, que reza:

" É para nós um previlégio trazer a esta Reunião de todos os povos de Àfrica em luta pela sua liberdade e sua unidade, a saudação fraternal do povo de Angola e do seu Movimento de Libertação Nacional a UNIÃO DAS POPULAÇÕES DE ANGOLA, de que temos a honra de ser o porta-voz.

Nesta ocasião, das mais preciosas, quando os dirigentes sindicalistas e os militantes nacionalistas estão reunidos para debater o futuro da sua ÀFRICA, temos o prazer de trazer a nossa modesta contribuição, tanto mais que exigimos, pela inevitável reciprocidade, o auxilio de MOVIMENTOS IRMÃOS DE TODOS OS PAISES AFRICANOS PARA A BUSCA DE SOLUÇÕES ADEQUADAS AO DRAMA DE ANGOLA.

ANGOLA, colónia portuguesa com uma superfície de mais de um milhão de quilómetros quadrados e com uma população de pouco mais de 4.000:000 de habitantes, jaz sob o jugo de 300.000 Portugueses, dos quais, todos aqui presentes conhecem o fàcismo e as abominações. Colonizada desde o 15º. século pelos portugueses em nome dessa pretensa Missão civilizadora, Angola evidenciou-se como um dos territórios africanos onde Portugal pratica ainda a negação da personalidade humana, escarnece dos mais elementares direitos previstos na Carta das Nações Unidas e na Declaração dos Direitos do Homem.

Seja qual for o véu, seja qual for a cortina de ferro que isole ANGOLA dos olhos do mundo inteiro, a verdade não pode ser diferente da realidade. Com efeito, a presença de Portugal em Angola foi sempre e continua uma exploração abusiva das plantações de café, de cacau, do algodão, de cana de assúcar; duma exploração massiça das minas de cobre, do ouro, de diamantos, bem como do petróleo, no simples e único interêsse dos portugueses e em prejuízo dos povos Angolanos, que trabalham durante os sete dias da semana e catorze horas diárias. O povo angolano empregado para enriquecer Portugal, não recebe, como recompensa, mais do que cinco por cento de crianças em idade escolar que frequentam o ensino primário e 68 alunos africanos nas escolas secundárias, segundo as revelações do escritor americano John Gunther, o povo angolano recebe também o trabalho forçado que já levou mais de um milhão de angolanos à emigração para territórios vizinhos; verifica-se também uma penúria de hospitais e de tudo o que faz o bem estar das populações.

Politicamente, Angola foi sub-dividida para ser considerada na jurisdição portuguesa como uma parcela do Estado Unitário Português, mas tal assimilação não pode impedir a segregação racial que talha a população angolana em cinco categorias:

1. - Os Portugueses nascidos em Portugal, e que beneficiam de todos os prèvilégios do Conquistador;

2. - Os Portugueses nascidos em Àfrica;

3. - Os mulatos;

4. - Os pretos assimilados cujos [illegible] trabalhos forçados;

324

5. - Em último lugar, a grande [illegible] de aborígenes, pretos, que sofre [illegible] do chicote, da deportação, mas sobretudo do [illegible] como desvirilização da raça.

Culturalmente, [illegible] cultura nacional angolana, pratica a assimilação [illegible] indígenas, tanto mais que o catolicismo continua [illegible].

Esta política [illegible] só o único resultado, a saber: a total exterminação [illegible] Pele-Vermelhas da América. O Coronel [illegible] Angola, não o escondô, do [illegible] de 1938:

"ANGOLA É [illegible] FICAR. NÓS RESPEITAMOS [illegible] SE FAZ, MAS QUANTO A NÓS, [illegible] NÃO SE PÕE, E NÓS [illegible] PARA QUE TUDO CONTINUE ASSIM: DESDE QUE [illegible], COMO TEM SIDO O CASO ATÉ AGORA, NÓS [illegible] VENCEDORES. ORA, É ISSO PRECISAMENTE O QUE IMPORTA, [illegible] O AFINCO DE PORTUGUESES."

O esforço de [illegible] emancipação de Angola é certamente nulo, mas o número de [illegible] nacionalistas abafadas em Angola prova sem contestação [illegible] 4.000.000 de habitantes de reconquistar a independência nacional [illegible], para libertar esta Angola que soube distinguir-se do [illegible] ao século XVI como Estado livre e soberano.

A UNIÃO DAS POPULAÇÕES DE ANGOLA não é e não pode ser senão a herança e herdeira dos diversos [illegible] nacionalistas, das diversas insurreições e das diversas escaramuças.

A UNIÃO DOS POVOS DE ANGOLA aqui presente é, como MOVIMENTO DE LIBERTAÇÃO NACIONAL DE ANGOLA, a condenação pura e simples da Liga Nacional Africana, essa mascarada do movimento que Portugal criou em 1939 para asfixiar as legítimas aspirações de milhões de Angolanos.

A Nação Angolana reivindica, com força, a independência política imediata, para a solidariedade africana, e sua unidade.

Desde séculos que Angola só tem conhecido lutas e aflições. Depois da abolição do saque de escravos e depois da deportação de mais de 200.000 Angolanos para a Ilha de São Tomé, uma outra forma de escravatura é praticada em Angola; é o regime de terra queimada e dos trabalhos forçados; assim, depois de mais de cinco séculos, o satânico colonialismo português empreende o extermínio de um povo num canto do continente africano.

Hoje uma voz angolana é ouvida pelo COLÓQUIO DOS POVOS AFRICANOS; isso significa o rompimento da cortina de ferro que envolvia Angola. Esta voz chama todos os congressistas, todos os movimentos de libertação africanos, todos os democratas do mundo, todos os povos e países amigos da justiça, a sustentar materialmente e moralmente as legítimas aspirações do povo angolano.

A UNIÃO DAS POPULAÇÕES DE ANGOLA tem a certeza que a presente Conferência que coloca [illegible] e marca uma nova e decisiva etapa na história da África, não deixa de tomar uma resolução reafirmando a vontade dos angolanos de aceder à independência total e imediata. É necessário que esta UNIÃO DOS POVOS AFRICANOS encontre meios eficazes para aniquilar o colonialismo satânico e não menos retrogrado de Portugal em Angola, e o imperialismo em todo o território nacional africano.

F I M

ANEXO 10

ANEXO 125

DELEGAÇÃO DE ANGOLA

RELATÓRIO

TRIBUNAL MILITAR TERRITORIAL

1ª. AUDIÊNCIA - 5/12/1960

1ª. CONTESTAÇÃO-réu ANTÓNIO PEDRO BENGO -

Assinada pelo defensor Dr. Santana Godinho

" Trabalho honesto; confessou as infracções de que é acusado, procurando atenuá-las à sua maneira"

2ª. CONTESTAÇÃO-réus FERNANDO PASCOAL DA COSTA, SEBASTIÃO GASPAR DOMINGOS, JOAQUIM FIGUEIREDO e ARMANDO DA CONCEIÇÃO JOR.

Assinada pela advogada Dra. Maria do Carmo Medina.

CORREIO MOR

" Explosiva e apologista das acções praticadas pelos réus. Contém a matéria que deu a linha geral às outras contestações apresentadas por alguns réus e advogados àcerca das agressões praticadas na PIDE, sobretudo pelo Snr. Subdirector Anibal Lopes e Inspector Snr. Reis Teixeira. Considra o Tribunal incompetente para julgar aqueles crimes. Traça a questão levantada e aprovada na ONU dos paises autodeterminados, inclui Angola nesse caso"

3ª. CONTESTAÇÃO - réus GARCIA LOURENÇO CONTREIRAS e AGOSTINHO ANDRÉ M. DE CARVALHO.

Assinada pelos réus. No entanto, têm

Mod. 7

126

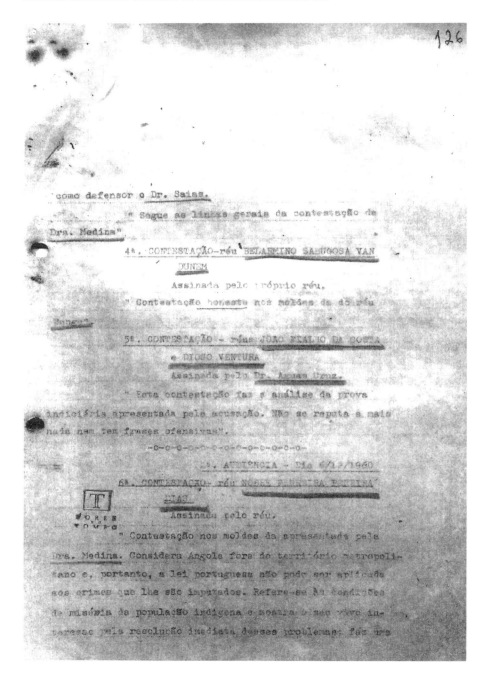

como defensor o Dr. Saias.

" Segue as linhas gerais da contestação da Dra. Medina"

4ª. CONTESTAÇÃO-réu BELARMINO SABUGOSA VAN DUNEM

Assinada pelo próprio réu.

" Contestação honesta nos moldes da do réu [illegible]".

5ª. CONTESTAÇÃO - réus JOÃO FIALHO DA COSTA e DIOGO VENTURA

Assinada pelo Dr. Águas Cruz.

" Esta contestação faz a análise da prova indiciária apresentada pela acusação. Não se reputa a mais naja nem tem frases ofensivas".

-o-o-o-o-o-o-o-o-o-o-o-o-o-

2ª. AUDIÊNCIA - Dia 6/12/1960

6ª. CONTESTAÇÃO- réu NOBRE FERREIRA PEREIRA DIAS

Assinada pelo réu.

" Contestação nos moldes da apresentada pela Dra. Medina. Considera Angola fora do território metropolitano e, portanto, a lei portuguesa não pode ser aplicada aos crimes que lhe são imputados. Refere-se às condições de miséria da população indígena e mostra o seu vivo interesse pela resolução imediata desses problemas; faz uma

127

análise do Ensino em Angola, apresentando dados estatísticos. Disserta sobre a descriminação racial; diferença de salários entre pretos e brancos; direito de propriedade para o negro. Diz, por fim, que foi coagido a assinar os autos pelo Snr. Chefe Lontrão. Citou autores sobre a interpretação de "colónia" e defende os princípios aprovados pelas Nações Unidas àcerca dos paises autodeterminados."

7ª CONTESTAÇÃO-réu JOSÉ MANUEL LISBOA e FLORÊNCIO GASPAR

Assinada pelo Dr. Almeida Valadas.

" Quanto ao réu Lisboa, é honesta, procurando destruir a prova do crime que lhe é imputado nos autos pela acusação.

Quanto ao Gaspar é explosiva, apontando em primeiro lugar os processos de interrogatório feitos na PIDE que apoda de "polícia política" sem qualquer respeito pelo indígena que para ela não goza de qualquer direito para a sua defesa e não tem direitos políticos. Aludiu à descriminação racial; analfabetismo em Angola; carência de Escolas; caça ao indígena nas ruas; falta de trabalho. Segue as mesmas linhas da Dra Medina."

8ª. CONTESTAÇÃO-réu JOÃO FIALHO DA COSTA

Assinada pelo Dr. Aguas Cruz.

" Nega as declarações prestadas na "polícia política" e que só assinou por confirmação e coacção aquilo que o investigador reduziu a auto".

9ª. CONTESTAÇÃO-réu JOÃO LOPES TEIXEIRA

Assinada pelo réu. Tem como advogado de defesa, o defensor oficioso.

" Diz ter assinado as declarações prestadas na Polícia por esta lhe ter prometido a sua restituição à liberdade. Disserta àcerca dos princípios aprovados na ONU quanto a Angola; fala da autodeterminação dos paises subdesenvolvidos e direitos do homem."

10ª. CONTESTAÇÃO-réu PASCOAL GOMES DE CARVALHO JOR.

Assinada pelo réu. Defensor oficioso.

" Passou levemente pela matéria da acusação, entrando na análise da "Liberdade e Direitos do homem"; descriminação racial e, mais pormenorizadamente sobre a pobreza do tratamento inflingido ao indígena em Angola pelas autoridades portuguesas."

11ª. CONTESTAÇÃO-réu NOÉ DA SIVA SAÚDE

Assinada pelo réu. Defensor oficioso.

" Diz [illegible] a assinar o que consta

129

nos autos, [illegible] o tratamento infligido pela Polícia, chegando a encostarem-lhe uma pistola à cabeça para confessar. Acusa o Dr. Aníbal [illegible] José Lopes, Inspector [illegible] Teixeira e Chefe Lontrão de cometerem barbaridades. Nega categòricamente o que está exarado nos autos, cuja assinatura foi arrancada pela "polícia política" com torturas e actos desumanos. Dissertou seguidamente sobre a descriminação racial; diferença entre metropolitanos e angolanos; parca assistência médica; direito da propriedade individual para o negro; faz algumas definições àcerca de "colónia", citando autores, nomeadamente o Prof. Marcelo Caetano. Disse que Angola entra no espírito defendido pela ONU contra Portugal, o que apoia categòricamente e, finalmente, pede um Governo próprio para esta colónia.. Esta contestação segue os mesmos moldes da Dra. Medina."

12ª. CONTESTAÇÃO-réu MANUEL BAPTISTA DE SOUSA

Assinada pelo réu. Tem defensor oficioso.

"Honesta. Disse que não conheça os co-réus pelo que não pódia pertencer a qualquer associação ilícita. Que entrou para o Club "Lepalsa Erazau" sòmente com um fim recreativo e nada mais."

13ª.CONTESTAÇÃO-réu MANUEL BERNARDO DE SOUSA

129

nos autos, devido ao tratamento infligido pela Polícia, chegando a apontarem-lhe uma pistola à cabeça para confessar. Acusa o Dr. Aníbal S. José Lopes, Inspector [illegible] Teixeira e Chefe Lontrão de cometerem barbaridades. Nega categòricamente o que está exarado nos autos, cuja assinatura foi arrancada pela "polícia política" com torturas e actos desumanos. Dissertou seguidamente sobre a descriminação racial; diferença entre metropolitanos e angolanos; parca assistência médica; direito de propriedade individual para o negro; faz algumas definições à cerca de "colónia", citando autores, nomeadamente o Prof. Marcelo Caetano. Disse que Angola entra no espírito defendido pela ONU contra Portugal, o que apoia categòricamente e, finalmente, pede um Governo próprio para esta colónia.. Esta contestação segue os mesmos moldes da Dra. Medina."

12ª. CONTESTAÇÃO-réu MANUEL BAPTISTA DE SOUSA

Assinada pelo réu. Tem defensor oficioso.

"Honesta. Disse que não conheçe o co-réus pelo que não pòdia pertencer a qualquer associação ilícita. Que entrou para o Club "Espalha Brazas" sòmente com um fim recreativo e nada mais."

13ª.CONTESTAÇÃO-réu MANUEL BERNARDO DE SOUSA

130

Assinada pelo réu. Defensor oficioso.

" Nega o que disse na PIDE e só assinou
os autos por coacção, entrando imediatamente na análise
do problema do analfabetismo em Angola; defende os princípios da carta das Nações Unidas na parte respeitante
aos paises autodeterminados; chama colónia a Angola cuja independência reclama em pleno Tribunal; disserta sobre os direitos do homem e exige a sua imediata restituição à liberdade."

INCIDENTES

O Dr. Saias mostrou a todos os advogados
recortes de jornais estrangeiros àcerca daquele caso político.

TORRE DO TOMBO

Entrou no Tribunal o Dr. Antero de Abreu
que mostrou à Dra. Medina uns documentos, que passaram
por todos os advogados. O Dr. Antero de Abreu nada tem
com aquele julgamento.

A audiência foi interrompida para resolver um problema jurídico levantado pela Dra. Medina.

Estas contestações estão a ser aprovei-
tadas pela imprensa estrangeira. O jornalista Lara Filho
consulta à vontade os processos e as contestações, fala
com réus e advogados.

O Dr. Tomé das Neves e um membro da Liga
Africana, Manuel Pereira do Nascimento, declararam em pú-

131

[illegible] que se fossem advogados assinariam as contestações apresentadas pelos réus atrás [illegible] foram
regeitadas por alguns advogados, [illegible] elas [illegible]
dem à verdade.

Parece que quem orienta a defesa é a Dra.
Medina, Dr. Saias e Almeida Valadas, os outros advogados
só seguem a linha por eles traçada.

[illegible]AUDIÊNCIA-dia [illegible]

O Promotor Público logo no início da audiência
pedia o seu adiamento até às 16 horas, afim de se [illegible]
melhor do conteúdo das contestações. A defesa [illegible]
aquela pretensão, porém o Presidente do Tribunal conce-
deu-lhe o adiamento.

O Agente Assistente,

132

[POLÍCIA] INTERNACIONAL [E] DE DEFESA DO ESTADO

DELEGAÇÃO EM ANGOLA

3ª. AUDIÊNCIA-Continuação

O Promotor público pediu novo adiamento da audiência com o fim de se extrairem certidões de algumas contestações, que têm nova matéria criminal para serem apensas aos Autos.

Diz o Promotor conterem aquelas contestações matéria estranha à defesa e apreciações depreciativas sobre a vida pública em Angola e, evocam algumas contestações, um pseudo-direito internacional que é crime punido por lei, citando o artº. 149º do Código Penal.

Seguidamente, falou o Dr. Santana Godinho dizendo não concordar com a acusação, pois que aquele adiamento seria prejudical aos réus.

A Dra. Maria do Carmo Medina, expressa a sua surpresa, pois tendo aquele Tribunal ouvido antes as contestações, aceitou-as, e, só agora, o Promotor reparou nisso. Disse que não pode haver numa contestação matéria de infracção. Acha prejudicial aos réus tal adiamento e não vê onde o Tribunal possa basear-se para o adiamento da audiência.

O Dr. Penha Gonçalves não acha que o requerimento do Promotor público seja legal e, disse que naquele Tribunal onde devia imperar a justiça estão a dar-se casos que nada abonam a sua idoniedade. Não vê

133

necessidade de adiamento da audiência. Chamou a atenção do Presidente do Tribunal sobre a prisão preventiva já sofrida pelos réus.

O Dr. Aguas não vê base legal para que seja deferida a pretensão.

O Dr. Joaquim Mendes não quiz falar, pelo què foi dada a palavra ao defensor oficioso, que disse não concordar também com 4 contestações dos quatro arguidos que vai defender e, que realmente, têm matéria criminal, sòmente concordando com a apresentada pelo réu Manuel Bernardo de Sousa. No entanto, também não concorda com o adiamento da audiência por ser prejudicial aos arguidos.

Faltou ao julgamento o Dr. Almeida Valadas.

A audiência ficou adiada para o próximo dia 9 do corrente, pelas 10,00 horas.

Luanda, 7 de Dezembro de 1960.

O Agente, Assistente,

134

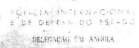

POLÍCIA INTERNACIONAL
E DE DEFESA DO ESTADO

DELEGAÇÃO EM ANGOLA

4ª. AUDIÊNCIA - Dia 9/12/1960

O Tribunal decidiu prosseguir o julgamento e anular as contestações à acusação, apresentadas pelos arguidos e, só depois serão extraidas certidões da nova matéria criminal nelas contidas.

O Promotor público não concordou com a decisão do Tribunal.

O Dr. Saias quis apresentar novas contestações apesar da oposição dos seus constituintes e pediu um adiamento da audiência, porém a sua pretensão foi indeferida, pelo que abandonou os constituintes que defendia.

Foi lido, a pedido do Promotor público, o "relatório" apreendido ao réu Lisboa e dirigido ao Delegado de Ghana àcerca da situação em Angola do grupo revolucionário.

Seguidamente foi apresentada uma excepção da Dra. Maria do Carmo Medina, pedindo que fossem lidos alguns documentos apreendidos aos réus, assim como um Auto de Exame a folhas 1.307 do processo. Neste Exame o Dr. Santa Rita Colaço, como perito, declarara que a assinatura feita pelo réu Figueiredo não apresentava qualquer semelhança com a que nos Autos é atribuida ao Figueiredo e feita nos documentos a folhas 9.

O Tribunal deferiu a pretensão da Dra. Medina, sòmente na parte que diz respeito à leitura do Au-

Mod. 7

135

to de Exame, indeferindo a respeitante aos documentos.

O Presidente do Tribunal declarou ser o mesmo incompetente para julgar tais crimes, ao que o Promotor público se opôs, citando legislação do Código de Justiça Militar, creio que os artºs. 55º. a 60º, que expressa serem os crimes previstos pelos artºs. 173º e 176º. do Código Penal, neste caso julgados em Tribunal Militar e, precisamente os réus estão incriminados pelo artº. 173º., chamando, por fim, a atenção do Tribunal para a competência legal do outro julgamento anterior.

A seguir o Dr. Valadas declarou a nulidade total e absoluta do corpo de delito nos autos, pelas razões constantes no nº. 16 e 21º da contestação apresentada, já junta aos mesmos autos, tendo o réu Lourenço Gaspar visto a referida nulidade e se achar perfeitamente enquadrada nos nºs. 5º e 6º do artº. 560º do Código de Justiça Militar.

O Promotor público rebateu esta excepção dizendo que é da competência da PIDE a instrução preparatória dos processos nestes crimes e que o código de justiça militar não prevê a doutrina apresentada pelo Dr. Valadas.

Proferiu-se, seguidamente, o Tribunal àcerca duma outra excepção apresentada pela Dra. Medina relativa às contestações e chamava a atenção do Tribunal para os Decretos 26.213 e 29.351; sendo indeferida a sua

136

pretensão, pois aqueles Decretos já foram [illegible] pelo Decreto nº. 36.090.

Quanto à última excepção apresentada pelo Dr. Valadas o Tribunal decidiu ser esta apreciada mais tarde e quando da sentença condenatória.

Desta decisão recorreu o Dr. Valadas, perguntando ao Tribunal em que se baseava para proferir aquela decisão, citando legislação, cuja doutrina dizia "serem as excepções imediatamente resolvidas pelo Tribunal, ouvido o promotor e a defesa".

Seguidamente a Drª. [illegible] mandou ditar para a acta o seguinte: "Baseada no Decreto 19.892, [illegible] vez que o Tribunal proferiu no início um despacho ordenando, além do mais, que fossem iliminadas as contestações e que toda a matéria está especificada nos autos e ai dicidida; porque desta forma se iliminaram um total de artºs. (relacionados com o pseudo-direito internacional que a contestação alegava) que é cerca de [illegible] das próprias contestações; porque tais iliminações levam a restringir a defesa em partes que a mesma considera indispensáveis para uma justa e ampla decisão da causa; mas, sobretudo, porque ao dizer o Tribunal que tal matéria continha crime previsto pelo artº. 149º do C. Penal, já está a fazer juizos de valor sobre a veracidade dos factos que iam ser debatidos nesta audiência

137

isto antes da inquirição das testemunhas; e, porque se alicerça também essa decisão em ter havido a deformação do direito internacional, quando é certo que as afirmações de ordem jurídica feitas pelas partes não vinculam ninguém, que o Tribunal podeinterpretá-las co[mo] melhor entender; e, porque entende a defesa que desta forma a sua intervenção profissional neste processo seria despida de utilidade; declara para os devidos efeitos, com o prévio consentimento dos seus constituintes, que renuncia às procurações constantes dos autos, com a ressalva, porém, de se porventura guardado o recurso já imposto e, ainda queira o Supremo Tribunal de Justiça no caso haja de se proceder a nova audiência de julgamento, voltar a intervir neste processo em defesa [do]s seus constituintes".

Seguidamente, ditou o Dr. Valadas para a acta o seguinte: "Que, por razões absolutamente idênticas às alegaças pela Dra. Medina e, com o pleno acordo dos seus constituintes, renuncia às procurações que pelos mesmos lhe foram conferidas, sob idêntica ressalva à que foi feita pela sua ilustre colega."

Os réus que eram defendidos por estes dois advogados, interrogados, recusaram-se a aceitar o defensor oficioso como seu assistente, à excepção do Adão Martins; os outros, Fernando P. Costa, Domingos, Figueire-

138

do, Pereira da Conceição, Lourenço Gaspar e Lisboa, passaram a tomar uma atitude no Tribunal que é típica dos elemntos filiados no Partido Comunista, negaram-se a responder a qualquer pergunta,etomando a atitude de mutismo completo.

Ontem,a Dra. Medina esteve na Casa de Reclusão e, parece ter sido esta advogada, juntamente com o Dr. Valadas, Ervedrsa de Abreu e Saias que os orientaram nesse sentido.

Travou-se uma polémica no Tribunal àcerca da possibilidade de os réus que se recusavam a falar, serem interrogados pela defesa, como declarantes, relativamente aos outros arguidos. Esta pretensão era apresentada pelo Dr. Joaquim Mendes e Penha Gonçalves que defendem respectivamente, o Mingas e o Van Durem.

Desta polémica nasceu um litígio entre o Juiz Auditor que não autorizava tal modalidade sem que primeiro os réus fossem ouvidos pelo seu crime e o Juiz Presidente que lhe exigiu fizesse as perguntas aos réus, caso quizessem responder relacionadas com os seus constituintes.

Por este facto foi interrompida a audiência para se deliberar sobre o assunto.

Aberta a audiência, o promotor público disse não ver inconveniente em que o Tribunal deferis-

139

se a pretensão dos dois advogados, agora apoiados pelo Dr. [illegible], patrono do Fialho e do Ventura, citando o art.º [illegible] do código penal.

Os dois advogados, quiseram abandonar a sala, caso o Tribunal mantivesse a recusa.

Por fim, o Tribunal aceitou a pretensão da defesa, mas as perguntas teriam de ser feitas através do Juiz Auditor e sòmente relacionadas com os factos em que os arguidos estavam incriminados.

Excepto o Mingas, Van Dunem, Ventura, Fialho, Adão Martins e Baptista de Sousa, estes dois últimos com o defensor oficioso, os restantes réus não têm advogado de defesa.

Foi interrompida a audiência para o dia 10 do corrente, às 08,30 horas, afim de se proceder à inquirição de testemunhas.

Luanda, Delegação da PIDE, 9 de Dezembro de 1960

O Agente, Assistente,

[illegible]

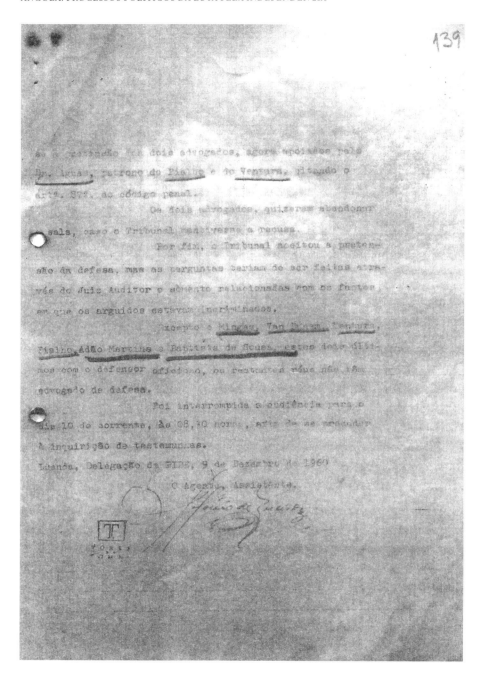

ANEXO 13

829

Exmº. Senhor
Director-Geral da Polícia Internacional
e de Defesa do Estado

1510/60-S.R.
CONFIDENCIAL

L I S B O A

Está a decorrer no Tribunal Militar Territorial o julgamento do processo-crime nº 22/59, instruído nesta Delegação e no qual são réus 20 nativos, ANTÓNIO PEDE BENGE, FERNANDO PASCOAL DA COSTA, AGOSTINHO ANDRÉ MENDES DE CARVALHO, etc, todos de raça negra.

Alguns advogados, cujas ideias políticas estão em total desacordo com os desígnios dos reus, renunciaram à defesa dos seus constituintes por estes desejarem que as alegações dos seus defensores se situassem no campo político.

Os advogados Drª MARIA DO CARMO ROCHA MEDINA, e os Drs. JOSÉ NUNO DE ALMEIDA VALADAS e JOÃO AUGUSTO FILIPE GONÇALVES SAIAS, sobejamente conhecidos pelas suas ideias comunistas, apresentaram contestações fazendo a apologia do crime de que os reus são acusados, com citações e alegações que o Tribunal considerou impertinentes e com fundamento bastante para que seja promovido procedimento criminal contra os seus autores. Do mesmo modo entendeu o Tribunal proceder para com os reus cujas contestações assinadas por eles são da mesma índole das daqueles advogados.

Estas contestações, cuja redacção se não pode aceitar como tendo sido feita pelos próprios reus, pôs excedem de muito as suas possibilidades, devem ser da autoria de qualquer daqueles 3 advogados ou de outro que comungue das mesmas ideias políticas que eles.

Por certo, a instrução preparatória do

.../...

-2-
.../...

processo crime respectivo virá a ser feita nesta Delegação pela exclusiva competência que a Lei nos consigna para os crimes desta natureza.

Junto tenho a honra de enviar a V. Exª. fotocópias das contestações e ao assunto voltarei a referir-me oportunamente.

A BEM DA NAÇÃO

Luanda e Delegação da Polícia Internacional e de Defesa do Estado, 9 de Dezembro de 1960

O SUBDIRECTOR INTº,

AL/ME.

ANEXO 14

145

RELATORIO

TRIBUNAL MILITAR TERRITORIAL

7ª. Audiência-20/12/1960

LEITURA DA SENTENÇA

-CONDENAÇÕES-

1ª- ANTÓNIO PEDRO BENGE- 10 anos de prisão maior

2ª- AGOSTINHO NOÉ MENDES DE CARVALHO- 10 anos de prisão maior

3ª- FERNANDO PASCOAL DA COSTA- 9 anos de prisão maior

4ª- JOAQUIM DE FIGUEIREDO- 8 anos de prisão maior

5ª- NOBRE FERREIRA PEREIRA DIAS- 7 anos de prisão maior

6ª- GARCIA LOURENÇO VAZ CONTREIRAS- 7 anos de prisão maior

7ª- ARMANDO FERREIRA DA CONCEIÇÃO JUNIOR-7 anos de prisão maior

8ª- NOÉ DA SILVA SAÚDE-6 anos de prisão maior

9ª- BELARMINO SABUGOSA VAN DUNEN- 5 anos de prisão maior

10ª- ANDRÉ RODRIGUES MINGAS- 5 anos de prisão maior

11ª- PASCOAL GOMES DE CARVALHO JUNIOR- 5 anos de prisão maior

12ª- SEBASTIÃO GASPAR DOMINGOS- 4 anos de prisão maior

13ª- JOÃO LOPES TEIXEIRA- 4 anos de prisão maior

14ª- FLORENCIO GAMALIEL GASPAR- 4 anos de prisão maior

15ª- JOSÉ DIOGO VENTURA- 4 anos de prisão maior

16ª- ADÃO DOMINGOS MARTINS- 4 anos de prisão maior

17ª- MANUEL BERNARDO DE SOUSA-4 anos de prisão maior

18ª- JOÃO FIALHO DA COSTA- 3 anos e 6 meses de prisão maior

19ª- MANUEL BAPTISTA DE SOUSA- 3 anos e 6 meses de prisão maior

20º- JOÃO MANUEL LISBOA- 3 anos de prisão maior.

INCIDENTES

As famílias dos réus que assistiram à leitura das sentenças, quase todas lastimaram chorando as penas em que os mesmos foram condenados-e não queriam abandonar a sala.

Os réus BENGE, MENDES DE CARVALHO, JOAQUIM DE FIGUEIREDO e NOÉ DA SILVA SAUDE, voltando-se para o público disseram que "as famílias não chorassem, pois isto até deve interpretar-se como uma festa, o dia chegará em que tudo se resolverá, podem ter a certeza".

Os réus BAPTISTA DE SOUSA e LISBOA, possivelmente convencidos que não seriam condenados em penas tão elevadas apresentaram-se contristados, porém não se manifestaram.

"A todos os réus foi ainda aplicada a pena de 15 anos de perda de direitos políticos e medidas de segurança e internamento de 6 meses a três anos, prorrogáveis."

Luanda, Delegação da PIDE, 20 de Dezembro de 1960

O Agente, Assistente,

ANEXO 15

146

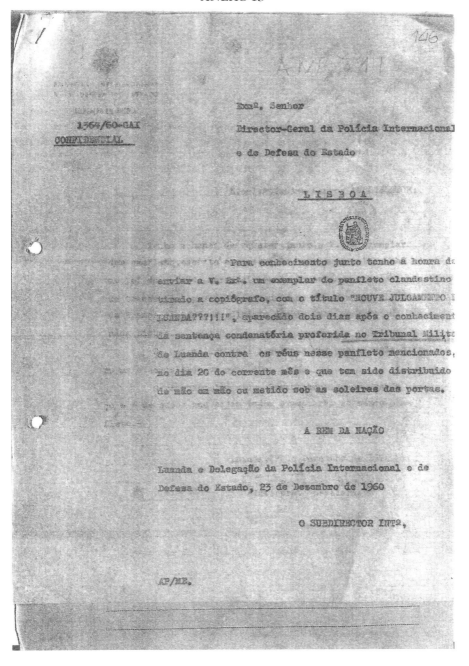

1364/60-GAI
CONFIDENCIAL

Exmº. Senhor
Director-Geral da Polícia Internacional
e de Defesa do Estado

LISBOA

Para conhecimento junto tenho a honra de enviar a V. Exª. um exemplar do panfleto clandestino tirado a copiógrafo, com o título "HOUVE JULGAMENTO EM LUANDA???!!!", aparecido dois dias após o conhecimento da sentença condenatória proferida no Tribunal Militar de Luanda contra os réus nesse panfleto mencionados, no dia 20 do corrente mês e que tem sido distribuido de mão em mão ou metido sob as soleiras das portas.

A BEM DA NAÇÃO

Luanda e Delegação da Polícia Internacional e de Defesa do Estado, 23 de Dezembro de 1960

O SUBDIRECTOR INTº,

AP/ME.

ANEXO 37

170

INFORMAÇÃO

Excelentíssimo Senhor

Para conhecimento de V.Exª, tenho a honra de informar o seguinte:

A Rádio Brazzaville, na sua emissão de hoje, às 19,45 horas, disse que um dos membros da Frente Revolucionária Africana para a independencia das Colónias Portuguesas (FRIAN), chamado CHILOAN NAALA (?), se encontra em Londres e declarou à Agencia Press que estão em curso conversações com outras associações análogas, as quais tratam de assuntos relacionados com a independencia das Provincias Ultramarinas Portuguesas, por eles desejada. Que não tinham qualquer animosidade contra os portugueses e manteriam as melhores relações com Portugal, depois de obterem a autodeterminação.

Disse mais que está em curso em Luanda o julgamento de 57 individuos, 6 deles brancos, no Tribunal Militar, à porta fechada, por actividades subversivas.

Que, segundo notícias de Lisboa, foi feito certo número de prisões em Luanda e arredores de individuos acusados de actividades subversivas, entre eles o Dr. Agostinho Neto, que já fôra anteriormente condenado.

Luanda, 2 de Julho de 1960

O Encarregado do Piquete

a) Celestino Marques Boloto

ANEXO 38

S. R.

POLÍCIA INTERNACIONAL
E DE DEFESA DO ESTADO

DELEGAÇÃO EM ANGOLA

-JULGAMENTO NO TRIBUNAL MILITAR DE LUANDA -

(Processo 47/59)

CONSTITUIÇÃO DO TRIBUNAL:

Presidente:-Tenente Coronel Izidro Nogueira,

Assessores:-Juiz Dr.Norberto de Andrade e Major José Póvoa Janeiro,

Promotor de Justiça:-Capitão Manuel Laurindo Lopes,

Secretário do Tribunal:- Tenente Manuel de Moura.

RÉUS:-

Engenheiro Calazans Duarte,Corte Real Meireles,Arquitecto Veloso de Pinho,Manuel dos Santos Júnior,Contreiras da Costa,Maria Julieta Guimarães Gandra e Helder Guilherme Ferreira Neto.

ADVOGADOS:-

Dr. Saias,Dr.Eugénio Ferreira,Dr.Almeida Valadas,Dr.Boavida e Dr.Rui de Pádua.

- DIA 25 -

(Sessão da Manhã)

Depois da chamada das testemunhas e declarantes,esta sessão começou com a leitura do libelo acusatório feita pelo Secretário do Tribunal,seguindo-se a leitura da defesa dos réus.

Terminada esta o Senhor Promotor da Justiça pediu para que

fossem lidos alguns documentos processuais-panfletos de natureza subversiva editados pelo M.N.L.A -através dos quais ressaltava a intenção criminosa dos réus (separar,por meios violentos ou ilegais,o território de Angola da Mãe-Pátria,como constava da acusação),intenção negada pelos réus e patenteada na defesa lida perante o Tribunal.

-(Sessão da Tarde)-

Logo no início da sessão,levantou-se na bancada da defesa o Dr. Eugénio Ferreira para submeter à consid ração do Tribunal uma questão prévia do maior interesse para a defesa dos réus.Tratava-se de mostrar ao Tribunal a situação precária em que se encontraram os réus,durante a fase da instrução preparatória,sem a assistência dos seus advogados para os orientarem nas respostas às perguntas que lhes foram formuladas na Polícia.Segundo afirmou,este processo de investigação lesava todos os princípios de humanidade que deviam salvaguardar as pessoas dos réus e estava em manifesta contradição com o Artº 8º da Constituição Portuguesa e dos textos da Carta das Nações Unidas e da Proclamação Internacional dos Direitos do Homem.Sendo assim,pedia ao Tribunal que olhasse com benevolência para os réus e que as declarações que acabara de fazer ficassem escritas na acta do Tribunal.

A seguir,levantou-se o Dr.Almeida Valadas,para exprimir o seu desgosto pela ausência,naquele Tribunal,duma das maiores gló-

S. R.

POLÍCIA INTERNACIONAL
E DE DEFESA DO ESTADO

DELEGAÇÃO EM ANGOLA

a completa defesa dos réus. Sendo assim, pedia o adiamento das audiências por 3 dias, a fim de dar tempo a que chegasse o Dr Palma Carlos (era a este advogado que se referia), pois, ao que disse, tinha chegado ao seu conhecimento que esse ilustre defensor estaria em Luanda dentro desse praso.

Por proposta do Senhor Promotor da Justiça, tal adiamento foi indeferido, depois de o Tribunal se ter retirado para deliberar.

= DIA 26 =

(Sessão da Manhã)

Esta sessão teve início com o Dr. Eugénio Ferreira no uso da palavra, pedindo ao Tribunal para interpor recurso ao Supremo Tribunal de Justiça sobre a ausência do Dr. Palma Carlos. Baseavam a petição do recurso nos Artºs 527, nºs 5 e 6, e 560 do Código de Justiça Militar. O Tribunal anuiu a este pedido com base no artº 528 do mesmo Código.

Seguidamente começou a audiência do Engº Calazans Duarte. Tendo-lhe sido facultado pelo Tribunal fazer a sua própria defesa ou delegar no seu advogado, o réu optou pela auto-defesa. Assim, consultando dossiers e vários documentos soltos que tinha a seu lado, o réu dissertou durante cerca de 2 horas sobre os problemas de Angola, corroborando as suas afirmações com os dados extraídos dos papéis de que dispunha e que constantemente folheava. Criticou severamente e acintosamente a Administração portuguesa em Angola, classificando-a como "Administração de tipo colonialista", sem o mínimo interesse pelas populações nativas que viviam sob o jugo duma autêntica escravidão. Frizou o baixo nível cultural, económico e social dos indígenas, a falta de assistência médica e a falta de escolas, terminando por afirmar que tudo se devia à deplorável orientação do governo Salazarista que tanto em Angola, como na Metrópole, coarcta a livre expressão do pensamento sem a qual tais problemas não podem ser ventilados pùblicamente e, portanto, não podem ser resolvidos, como é urgente fazer-se. Disse que o "M.N.L.A" não é um movimento tendente a separar Angola da Metrópole, mas sim com o objectivo de libertar Angola da administração salazarista que, pouco a pouco, a vai conduzindo à derrocada, gerando ódios e conflitos entre indígenas e metropolitanos que podem eclodir numa catástrofe como a que ensanguentou o Congo Belga. Por fim, salientou que só um regime democrático poderia por cobro a este estado de coisas.

A seguir, foi a audiência do réu CORTE REAL MEIRELES que, em linhas gerais, disse que tinha recorrido ao panfleto por lhe ser negada a faculdade da livre expressão; além disso, não hesitou em espalhar os panfletos editados pelo "M.N.L.A." por a sua doutrina vir ao encontro das suas opiniões sobre o estado em que se encontra Angola, pela péssima acção administra-

163

tiva que se tem feito.- - - - - - - - - - - - - - - - - - -
Seguiu-se o réu Arquitecto VELOSO DE PINHO que,mais genèricamente,focou os pontos em que tinha baseado a sua"defesa" o primeiro réu,dirigindo,além disso,um verrinoso ataque contra a PIDE que,segundo afirmou,o levou a assinar declarações por coacção psicológica. - - - - - - - - - - - - - - - - - -
Devo assinalar que logo após o final da defesa do 1º réu, o Senhor Promotor da Justiça fez uma intervenção perante o Tribunal,chamando a atenção deste para o excessivo tempo que o Engenheiro Calazans Duarte utilizou para a sua defesa.Disse ainda que não sabia os motivos por que tinha sido permitido ao réu ter junto de si todo aquele conjunto de notas e de apontamentos de que se serviu; além disso,considerou,o réu exorbitou dos limites concedidos para sua defesa, mais parecendo um "promotor de justiça" empenhado num julgamento contra o Governo,do que um réu que estava a prestar contas dos seus actos diante dum Tribunal.Concluiu,dizendo que o Tribunal não podia permitir abusos desta natureza contra os quais se opunha vivamente.
A estas observações feitas pelo Senhor Promotor da Justiça, respondeu o Senhor Dr.Norberto de Andrade,juiz assessor do Tribunal,que tudo foi permitido para se poder conhecer perfeitamente o réu o que,de outra maneira,não podia acontecer. Assim,o réu expandiu-se à vpntade,abriu-se plenamente perante o Tribunal e este,na sua função judicativa,poderá apre-

ciá-lo melhor para com maior segurança poder pronunciar o seu veredictum. Deste modo, afirmou, o Tribunal não perdeu tempo; pelo contrário, ganhou. - - - - - - - - - - - - - -
O réu Manuel dos Santos Júnior fez também a sua auto-defesa perante o Tribunal. Disse que os seus depoimentos tinham sido obtidos por coacção. Depois, fez considerações sobre os problemas de Angola que gostaria de ver solucionados. Referiu-se às condições económicas e sociais dos nativos, que eram péssimas; que gostaria de ver abolidas para sempre certas medidas discriminatórias que já não têm razão de ser; que não havia assistência médica adequada às necessidades das populações; que havia dificuldades enormes para arranjar trabalho e os salários existentes não chegavam para custear o nível de vida; que era seu desejo ver uma imprensa livre em cujas colunas pudessem ser ventilados todos estes problemas para melhor poderem ser resolvidos; que havia falta de escolas para as crianças negras que andavam a vadiar pelos muceques, com os pais desempregados mas a pagarem o imposto; que era uma lástima verificar que, em 4 milhões de nativos que Angola possui, apenas houvesse 25 formados, estando Portugal em África há perto de 500 anos; que há reclamações de toda a ordem que não são atendidas; que a vida dos indígenas é precária, sem habitações condignas nem condições higiénicas para poderem viver com decência; que em Angola se vive num estado de fome e de miséria e o grito do povo de

Angola é para lhe darem as condições de existência a que tem direito todo o ser humano.--- - - - - - - - - - - -

Contreiras da Costa cuja audiência se seguiu, fez também a auto-defesa.-Disse também que os seus depoimentos tinham sido forçados pela Polícia. Insurgiu-se contra a aplicação de maus tratos aos nativos e contra a discriminação racial.-

Seguidamente, foi a audiência de Maria Julieta Guimarães Gandra. Disse que nunca pertenceu a qualquer organização secreta e subversiva e que os seus afazeres profissionais não lhe davam tempo para isso; que, de facto, reunia, por vezes, alguns amigos em sua casa e que, como é natural, vinham à discussão alguns temas de carácter social. No entanto, nunca alimentaram conversações de índole subversiva; que, no que respeita à sua ideologia política, é pura e simplesmente uma democrata convicta sem outros desejos que não sejam os de contribuir para o bem-estar do povo, objectivo a que se tem dedicado de alma e coração.- - - - - - - - - - - - - - - - -

Por último, foi a audiência do réu Helder Guilherme Ferreira Neto que apenas se limitou a referir não ter encontrado nada de matéria subversiva nos panfletos que ajudou a espalhar razão por que o fez.- -

o-o-o-o-o-o-o-o

Terminada a defesa dos réus, segue-se o depoimento dos declarantes que foram ouvidos pela ordem seguinte:-

1º)-Ilídio Tomé Alves Machado; 2º)-André Franco de Sousa;

3º)-Antônio Pedro Reis; 4º)-Francisco Arnaldo Assis Machado; 5º)-Antônio Dias Cardoso; 6º)-José Vieira; 7º)-Aníbal Martins Moreira.-

Foi de difícil audição o depoimento destes declarantes, não só pelo baixo tom de voz em que o fizeram mas também pela distância a que me encontrava, dificuldade esta que se agravou pelos constantes ruídos que vinham do exterior. No entanto, nas exposições de um ou de outro, por exe plo, 1º, 2º e 5 º declarantes, conseguiu perceber-se vagamente que negavam terem conhecimento de qualquer movimento subversivo destinado a separar Angola da Metrópole.-Este último declarante sublinhou ainda que, pela sua especial sensibilidade, emocionou-se muito com a presença constante de dois ou três agentes junto dele e, por este motivo, não admira que tivesse feito declarações inconscientes.
O depoimento do 7º declarante foi mais nítido do que o dos outros. Disse que tinha encontrado diversos panfletos espalhados pelo chão os quais eram provenientes duma carrinha que não chegou a identificar mas que, na altura, passara pelo local onde os viu espalhados. Como sabe ler muito mal, levou esses panfletos a um amigo que o aconselhou a ir entregá-los à Policia, por conterem matéria política perigosa.

o-o-o-o-o-o-o-o-o

S. R.

153

POLÍCIA INTERNACIONAL
DE DEFESA DO ESTADO
DELEGAÇÃO EM ANGOLA

= = = = = = = = = = DIA 27 = = = = = = = = = = = = = =

(Sessão da manhã)

No princípio desta sessão foi ouvido o último declarante Francisco Arnaldo de Assis Machado que negou algumas afirmações constantes dos autos, mas aceitou que tinha recebido um manuscrito das mãos do MANUEL DOS SANTOS JÚNIOR para copiografar, como constava dos mesmos autos.------

Seguidamente, procedeu-se à inquirição das testemunhas de acusação que adiante se mencionam:-

MÁRIO DE ALMEIDA SANTOS, administrador da circunscrição de S. Paulo. Disse ter assistido à leitura de alguns autos, como testemunha, tendo os réus, na sua presença, confirmado a autenticidade das declarações e que, portanto, não lhe pareceram obtidas sob coacção;

CARLOS ALBERTO MATIAS DE OLIVEIRA SANTOS, administrador do concelho de Luanda. Fez declarações nos moldes das da testemunha anterior, indo um pouco mais além quando afirmou perante o Tribunal que o ambiente entre os arguidos e os investigadores se lhe afigurou risonho, sempre que serviu como testemunha à leitura dos autos. Esta declaração provocou certo alarme na defesa e risos sufocados na assistência, esforçando-se depois a defesa por rebatê-la com remoques humorísticos que, aliás, não conseguiram pertubar a calma do Sr. Administrador que a manteve com personalidade.-

Estas duas testemunhas foram bastante ataćadas pela defesa que sempre demonstrou esta preocupação:- saber por que tinham sido chamadas para testemunharem a leitura dos autos,ou melhor,de alguns autos e por que afirmavam tão peremptòriamente que os arguídos os tinham assinado sem qualquer espécie de coacção.

ÁLVARO ALVES DE OLIVEIRA,agente da PIDE.-Afirmou que os autos continham a expressão da verdade e que as afirmações neles contidas foram obtidas por livre e espontânea vontade dos réus.O Dr.Eugénio Ferreira,da defesa,mostrou-se particularmente interessado em obter o depoimento desta testemunha sobre a maneira como tinha efectuado a apreensão duma máquina "Remington" em casa do réu Meireles,como constava do respectivo auto em que figurava a testemunha.

O Senhor Promotor de Justiça interveio para saber se a busca tinha sido efectuada dentro das horas legais,ao que a testemunha respondeu afirmativamente,citando mesmo a doutrina do Código que regula estas diligências processuais.

O Dr Ferreira retorquiu,porém,que não era esse aspecto da diligência que lhe interessava,porquanto era do seu conhecimento que a busca em casa do Meireles não se tinha realizado,mas que,pelo contrário,a máquina tinha sido entregue por terceira pessoa à Polícia.

o-o-o-o-o-o-o-o

Terminado o depoimento desta testemunha,seguiu-se

a inquirição das seguintes testemunhas de defesa:-
Engº José Francisco Dos Santos Baptista Borges,
Vasco Pedro Marques,
António Mariano de Carvalho,
João António Serra,
José Pinto da Cunha,
Engº Humberto Duarte da Fonseca e
Tenente Coronel Francisco de Lucena.

Todas estas testemunhas abonaram o bom comportamento do réu Calazãs Duarte, como chefe de família exemplar e técnico distinto.

(SESSÃO DA TARDE)

Foram ouvidas as seguintes testemunhas de defesa do réu Meireles:-
Francisco José Lopes Roseira,
Américo Augusto da Cunha,
Isabel Morais Nogueira Ferreira Pinto Bastos,
Jaime Augusto da Silva Carvalho e Melo,
Luis do Nascimento,
Edmundo Germano Gonçalves e
José Vicente das Neves.

Abonaram o bom comportamento do réu. A Isabel Morais, acentuou que, no seu largo convívio com o Meireles o teve sempre na conta de pessoa incapaz de se meter em assuntos políticos como aqueles de que vem acusado.O Vicente Neves,ainda seu parente afastado,classificou-o como português incapaz de trair a sua Pátria,reconhecendo-lhe apenas arreigados ideais democráticos.

Seguiram-se depois as testemunhas de defesa do réu Arquitecto VELOSO:-

Arquitecto Vasco Vieira da Costa,
Amélia Salgueiros Ramos,
Arquitecto Adalberto Gonçalves Dias,
Dr.Reinaldo Alves de Almeida,
José Pinto da Cunha,
Sebastião Soares da Silva(preto),
Rui Vieira da Costa,
José Manuel de Carvalho Pinto,
Domingos Campos Vandune(preto),
Dr.Manuel Teixeira Dias Carvalheiro e
José Rosa dos Santos Pinheiro Morais,que também abonaram o comportamento exemplar do réu,como chefe de família e elemento social.A inquirição destas testemunhas feita pelo Dr. Eugénio Ferreira versou quase só sobre a opinião que aquelas faziam sobre um discurso proferido em tempos pelo Ex--Governador de Angola,Exmº Coronel Sá Viana Rebelo e que deu origem ao panfleto que depois circulou-"Grito de Guerra"- e cuja autoria se atribui ao réu VELOSO.

-R E L A T Ó R I O- (Continuação)

JULGAMENTO NO TRIBUNAL MILITAR DE LUANDA -

= DIA 28 =

(Sessão da Manhã)

Foi ouvida a última testemunha de defesa do réu Arquitecto Veloso,FRANCISCO A SILVA DIAS que se limitou a abonar o bom comportamento do réu.

Em seguida,procedeu-se à inquirição das testemunhas de defesa do réu MANUEL DOS SANTOS JÚNIOR, apresentando-se como primeira testemunha o Exmº Senhor Doutor Aníbal de São-José Lopes,Subdirector da P.I.D.E. na Delegação desta cidade.Contràriamente ao que se previa,o patrono do réu,Dr. Eugénio Ferreira,não solicitou à testemunha qualquer informação abonatória do comportamento do réu,incidindo todo o seu interrogatório sobre o esclarecimento de certos factos processuais que tinham suscitado dúvidas à defesa.Do diálogo travado,por vezes em tom de entusiasmo que provocou certa expectativa na assistência,saiu prestigiado o nome da Polícia Internacional e de Defesa do Estado que até esta altura o Dr. Eugénio Ferreira se esforçou por amesquinhar,com remoques de humorismo verrinoso de largo efeito no auditório composto por familiares e amigos dos réus e que de dia para dia vem engrossando nas bancadas reservadas à assistência.

Foram depois ouvidas as restantes testemunhas de defesa do réu MANUEL DOS SANTOS JÚNIOR, de que me cumpre salientar os depóimentos das que, a seguir, se mencionam:-

DOMINGOS BULACAPA, ex-empregado da firma onde trabalhava o réu, que teceu os maiores elogios ao cmportamento moral e espírito humanitário do MANUEL DOS SANTOS JÚNIOR. A pedido da defesa para expor algum facto importante da sua vida, declarou que foi expulso do emprego onde trabalhava (era empregado num posto de abastecimento de gasolina), sob a alegação de ter roubado bastantes litros desse combustível, para vir a ser substituído por um europeu que, desempenhando as mesmas funções, ganhava mais do dobro do ordenado que a ele lhe fora atribuído.-Tendo-lhe sido, nesta altura, perguntado pelo Sr. Promotor de Justiça, qual a razão por que não se queixara desse facto às autoridades, respondeu que o fizera, mas não tinha sido atendido.

-O Sr. Promotor de Justiça perguntou-lhe então qual tinha sido a autoridade a que se tinha dirigido, ao que a testemunha disse que se tinha dirigido ao Senhor Secretário do Governo Geral mas que não fora recebido.

-Isso não se faz logo assim-esclareceu o Senhor Promotor, a autoridade indicada para tomar conhecimento destas ocorrências é a Polícia de Segurança Pública ou então o chefe do Posto da área respectiva.-A testemunha então, muito precipitadamente,declarou:-"eu não recorri a essas autoridades porque já sabia que não faziam nada por mim".O Senhor Promotor disse ao Tribunal que estava satisfeito e que não pretendia mais nada da testemunha.-A defesa,porém,aproveitou-se da exposição feita pela testemunha para,mais uma vez,explorar o tema da discriminação racial em Angola.

ROMEU GALIANO-professor do ensino técnico,se bem ouvi-falou da exclusão de pretos e mestiços,em certa data,dum passeio à Metrópole levado a efeito por estudantes de Luanda e que foi patrocinado pelas entidades competentes desta cidade.

MANUEL BENTO RIBEIRO,ex-membro do conselho legislativo dos indígenas de Angola,referiu que tendo feito uma exposição sobre a situação precária em que se encontravam os nativos,em 1958,altura em que desempenhava as aludidas funções,essa exposição tinha sido recebida e considerada de tal maneira por quem de direito,que,a partir dessa data nunca mais foi eleito para o exercício do cargo.

DR.CARLOS ATAÍDE FERREIRA(médico).

Foi interrogado pela defesa sobre a mortalidade provocada pela tuberculose na nossa Província de Angola.Este médico,contra todas as esperanças da defesa,informou que a mortalidade provocada por essa doença em Angola era menor do que em qualquer outro território africano,chamando a atenção para os esforços que o Governo tem feito no de dedefender as populações nativas desse terrível mal.

(SESSÃO DA TARDE)

Nesta sessão foram ouvidas as testemunhas de defesa da ré Drª JULIETA GANDRA. Com mais ou menos calor, todas confirmaram que a ré era uma mãe carinhosa e digna que procurava educar nos melhores princípios o filho e também que a sua actividade profissional, cheia de espírito humanitário, lhe tinha grangeado as mais vastas simpatias entre os habitantes desta cidade, sem distinção de raças.

Por último, foi ouvida a Dr.ª MEDINA, como testemunha de defesa do réu HÉLDER NETO, a qual pôs em relevo as qualidades morais e intelectuais do réu. Segundo afirmou, estranhou que no século XX e, sobretudo neste ano de 1960, ainda se pudesse assistir à prisão e julgamento de indivíduos pelo simples facto de ousarem criticar as atides do Governo, através de panfletos, uma vez que não tinham possibilidades de recorrerem a outros meios para o fazerem. Na França e no Brasil, por exemplo-disse a drª MEDINA -fazem-se críticas mais violentas do que as que estão em causa neste Tribunal e ninguém é preso por causa disso. Só em Portugal ainda acontecem destas coisas.

Esta sessão terminou com o depoimento

192

desta testemunha.

O Tribunal só reabrirá na próxima terça-feira, às 9 horas.

Luanda, 28 de Julho de 1960.

O Agente,

ANEXO 39

S. R.

POLÍCIA INTERNACIONAL
E DE DEFESA DO ESTADO

DELEGAÇÃO EM ANGOLA

-R E L A T Ó R I O-

JULGAMENTO NO TRIBUNAL MILITAR DE LUANDA

DIA 2 DE AGOSTO

(Sessão da Manhã)

Prosseguiu hoje no Tribunal Militar desta cidade, o julgamento sobre actividades subversivas em que se encontram implicados os réus Engº Calazans Duarte, Arqº Veloso, J. Meireles, Contreiras da Costa, Manuel dos Santos Júnior, Drª Maria Julieta Gandra e Helder Neto.

Na abertura desta sessão da audiencia, tomou a palavra o Promotor de Justiça Snr. Capitão MANUEL LUCINDO LOPES, para fazer a acusação dos réus, seguramente alicerçado no vasto documentário processual.

O Sr. Promotor da Justiça começou por expor as condições de ampla liberdade em que se processou a defesa dos réus, sem deixar, porém, de evidenciar que essa liberdade, em certos momentos, tinha sido levada até ao extremo, revestida dum calor e duma tonalidade mais próprios dum comício político do que do acto dum julgamento em Tribunal.

Disse que a sua acusação adquiriria, por vezes, certa rispidez na apreciação da matéria em debate, mas que de maneira nenhuma envolveria ódios ou ressentimentos contra quem quer que fosse; norteava-o apenas o desejo de que se fizesse justiça,verdadeira justiça o que,aliás,outra coisa não seria de esperar das figuras eminentes que presidiam àquele Venerando Tribunal.

Continuando,o Sr.Capitão Lucindo Lopes referiu--se a uma atoarda posta a circular através de panfletos e segundo a qual os réus deveriam ser transferidos para a Metrópole a fim de lá serem julgados e depois mortos pela Polícia que,Ha-bilmente,faria desaparecer os seus cadáveres.Tal atoarda que mais não visava do que estabelecer um clima de hostilidade pública contra a P.I.D.E.- sublinhou o Snr.Promotor - não tinha qualquer fundamento verídico,além de que,como toda a gente pode verificar, "os cadáveres dos réus encontram-se nesta sala em perfeito e completo estado de conservação".(Risos na Assistência).

Em seguida,o Sr.Promotor de Justiça propôs-se refutar a interpretação sofismada feita pelo Engº Calazans Duarte relativamente ao significado da palavra "independência" aparecida,com frequência,nos panfletos,quando analisavam a situação social da Província de Angola. Segundo o Engº Calazans,essa palavra não revestia aquele sentido de gravidade que a Polícia,nas suas acusações,pretendia atribuir-lhe e que era separar este território da Mãe-Pátria;o que eles pretendiam,pura e simplesmente,era libertar de Angola do jugo colonialista imposto pelo regime político de Salazar, atitude que - no seu entender - não tinha quisquer afinidades com a que a Polícia pretendeu insinuar no seu relatório do processo. O Sr. Promotor chamou a atenção do Tribunal para esta interpretação de conveniência feita pelo réu Calazans, considerando-a inaceitável por não corresponder ao seu significado real como até, segundo qualquer dicionário, pode facilmente verificar-se.

Disse também que era inaceitável a razão aduzida pelos réus para justificarem o recurso aos panfletos e que era a falta de liberdade para cada um poder expor os seus pensamentos ou exprimir públicamente as suas opiniões. O Sr. Promotor esclareceu que já tinha feito trabalhos como censor e não tinha conhecimento de quaisquer instruções emanadas dos órgãos competentes para reprimir qualquer crítica feita em moldes decentes e construtivos, aos actos do Governo da Nação.

Analisando o discurso do ex-Governador desta Província, Senhor Coronel Sá Viana Rebelo de que a defesa tanto se tinha aproveitado para provar a legitimidade do panfleto "Grito de Guerra", o Sr. Promotor disse que tal discurso propositadamente mutilado para esse fim, não tinha a estruturá-lo uma intenção belicosa, mas antes todo o seu sentido convergia para uma finalidade primeiramente de carácter militar - o que não devia merecer reparos - e só depois apresentava uma faceta civil mas que, pela sua simples leitura, facilmente se infere nada possuir de atentatório à boa harmonia que deve existir entre brancos e pretos ou mestiços.

Referindo-se,por último às actividades subversivas imputadas aos réus que,em sua opinião,estavam amplamente demonstradas no processo e depois de desfazer algumas alegações da defesa segundo as quais as confissões de alguns daqueles tinham sido obtidas por coacção da Polícia,o Senhor Capitão Lucindo Lopes pediu que lhes fosse aplicada a pena máxima,atendendo à gravidade do crime por que estavam a ser julgados naquele Tribunal.No intuito de firmar bem no espírito do Tribunal o seu pedido,dirigiu-se, num gesto firme de mãos estendidas para a mesa da presidência e concluiu:-"Senhor Presidente,quem o inimigo poupa nas mãos lhe morre". -

o-o-o-o-o-o-o-o-o-o-o-o-o-o-o-o-o

Depois do Sr.Promotor de Justiça,falou o Dr. João Saias,patrono do réu Engº Calazans Duarte,Fez uma defesa pobre de conteúdo.Chamava a todo o momento a atenção do Tribunal para o facto de o seu constituinte ser uma pessoa séria e todos os réus serem pessoas de bem.Em determinados momentos do seu discurso encomiástico a personalidade do Engº Calazans,gritou e gesticulou como para dizer ao Tribunal e a assistência que estava possuído duma verdade irrefutável.As suas alegações não tiveram interesse para esta Polícia.Pediu a absolvição do réu e,se não fosse

167

possível a absolvição,que não fossem condenados em mais do que a prisão já sofrida.Pediu ao Tribunal que não recorresse a medidas de segurança.- - - - - - - - - - - - -

151

2 de AGOSTO(Sessão da Tarde)

Nesta sessão fizeram uso da palavra os Drs.EUGÉNIO FERREIRA e ALMEIDA VALADAS,o primeiro como patrono dos réus Arqº Veloso e J.Meireles e o segundo como patrono dos réus Manuel dos Santos Júnior e Contreiras da Costa.

- O Dr.EUGÉNIO FERREIRA cumprimentou o Tribunal do qual disse ter a esperança de vir a guardar uma grata recordação,tal qual tem acontecido das outras vezes em que nele tem intervindo no desempenho do seu múnus profissional.Disse que era um modesto advogado de província a quem escasseavam as altas qualidades que distinguiam as águias do foro mas que,dentro dos seus limitados recursos,iria defender uma causa que,a todos os títulos,se lhe afigurava justa,mesmo sem recorrer aos habilidosos artifícios da oratória.

Depois de fazer uma análise demorada à acusação,disse qu considerava esta muito exagerada pois que,através da leitura do processo,nada se depreendia que a justificasse e,pormenorizando algumas passagens,afirmou que notara algumas contradições dos autos com o relatório feito pela Polícia.

Pretendeu desfazer a acusação de que os seus constituint pertenciam a uma organização subversiva de intuitos anti-patriót como afirmou ainda que não tinha encontrado matéria que se pudes considerar subversiva nos panfletos constantes do processo.

Finalmente,este advogado opinou que o crime praticado pe

réus seus constituintes estaria abrangido pelo artº 483 do C.P. e não pelo 173 do mesmo Código que prevê a existência duma associação ilícita e secreta.

Para o Arqº Veloso,em caso de condenação,pediu que lhe fosse aplicado o nº 2 do Artº 94 do C.P.,salientando depois que o outro réu,J.Meireles era um profissional de tanta confiança nos seus trabalhos,que o próprio patrão continuara a pagar-lhe os vencimentos durante bastante tempo após o acto da sua captura pela Polícia.

\- - - - - - - -

Seguiu-se na defesa o Dr. ALMEIDA VALADAS,patrono dos réus Manuel dos Santos Júnior e Contreiras da Costa.

Para além dos limites concedidos e estabelecidos para a defesa dos réus,este advogado evidenciou o propósito de amesquinhar a acção governativa relativamente às populações indígenas de Angola.Apontou as inúmeras deficiências que lhe pareciam existir neste sector,para salientar as enormes contradições entre os sistemas até agora aplicados pelo Actual Governo à orientação da política ultramarina,nomeadamente da de Angola,e os princípios definidos internacionalmente na Carta das Nações Unidas e Proclamação dos Direitos do Homem.Disse que os salários atribuídos ao trabalho dos nativos era uma autêntica exploração do homem e que não se poderia por em dúvida de que a distinção racial era um facto lamentável a que urgia por termo.

Continuando na sua oratória empolada de comício,o Dr.

162

VALADAS chamou a atenção do Tribunal para um pormenor que considerava altamente elucidativo das verdades que acabara de proclamar, e era que, quando o Sr. Promotor, em dada altura da acusação, citara os nomes dos réus, antepusera a todos o apelativo "Senhor...", consideração de que exceptuara os seus constituintes por motivos que não valia a pena mencionar.

A intenção de fazer comício no Tribunal era manifesta e de todas as circunstâncias se aproveitou este advogado para esvurmar o seu ódio tortuoso e quezilento contra o Actual Regime Governativo da Nação.

Buanda, Delegação da PIDE, 2 de Agosto de 1960.

O Agente,

163

S. R.

POLÍCIA INTERNACIONAL
E DE DEFESA DO ESTADO

DELEGAÇÃO EM ANGOLA

- - - TRIBUNAL MILITAR DE LUANDA - Dia 3 de Agosto.

Na única sessão deste dia e que decorreu desde as 9 até às 12 horas, tiveram o uso da palavra os Drs. RUI DE PÁDUA e BOAVIDA, respectivamente nas defesas dos réus Drª Gandra e Hélder Neto.

O primeiro orador não sobressaiu por qualquer afirmação ousada, limitando-se exclusivamente a defender a sua constituinte que apresentou como profissional de excelsas qualidades e senhora de bondoso coração para quantos dela se acercavam pedindo o seu auxílio. Citou o depoimento das testemunhas de defesa que abonaram o bom comportamento social da ré, nenhuma delas acreditando que a Drª Gandra fosse capaz de esbanjar ou desperdiçar tempo com assuntos como os de que estava sendo acusada naquele Tribunal.

Na hipótese de lhe ser aplicada qualquer condenação, o Dr. RUI DE PÁDUA pediu ao Tribunal para que à sua constituinte fosse aplicado o nº 2 do Artº 94 do C.P.

-o-o-o-o-o-

O segundo orador também se cingiu quase exclusivamente à simples defesa do seu constituinte.

Tornou-se notória, sobretudo, a afirmação que fez em Tribunal e que consistiu em dizer que, apesar das muitas irregularidades praticadas contra os indígenas, a verdade é que o Governo da Nação não patenteava uma índole colonialista e que até as medidas por ele tomadas, sempre que as tem de tomar, são no sentido oposto. Porém, à esclarecida visão do Governo sobrepõe-se muitas vezes a má vontade dos homens que não deixa caminhar com a rapidez desejada o progresso dos naturais desta Província e lhe põe entraves que desgostam uns e causam um sentimento de revolta noutros. Neste último caso enquadrou os réus que por não disporem dos meios de difusão e de liberdade suficientes para exporem a sua discordância contra este estado de coisas, lançaram mão do último recurso de que podiam utilizar – o panfleto. Pediu, por último, a benevolência do Tribunal para o réu Helder Neto.

Devo esclarecer que sendo este advogado de raça preta, as suas palavras referentes às medidas tomadas já pelo Governo Português contra a aplicação dum regime colonialista em Angola, fez impressão no Tribunal.

Luanda, Delegação da PIDE, 3 de Agosto de 1960.

O Agente,

NOTA: O TRIBUNAL SÓ REABRIRÁ NO PRÓXIMO DIA 10

288

MANIFESTO AFRICANO

O Boletim Oficial de Angola, traz no seu número 5 -1ª Série ,de 4/2/959, o seguinte despacho do Governador Geral Sá Viana Rebelo:

"Considerando que a Província de Angola é definida no seu Estatuto político-administrativo como o território português situado na parte ocidental do continente africano ao sul do Equador;

Considerando que deve por todas as formas estar sempre bem patente que Cabinda faz parte integrante de Angola, sendo de eliminar tudo o que possa originar qualquer confusão;

Determino que seja suprimida a palavra "Enclave" em toda a correspondência oficial que se refira ao território abrangido pelo distrito de Cabinda, e bem assim na Imprensa e na Rádio, não devendo os Serviços do Estado e os Corpos Administrativos dar seguimento a qualquer assunto ou pretensão em que seja empregada aquela palavra."

Toda a imprensa noticiou este despacho,que mais não é do que a consolidação de uma burla,um esbulho,uma espoliação,uma vigarice do Governo Português feita aos naturais de Cabinda.

Um desmentido público de que os portugueses não estão em África para civilizar e para expandir a fé, como têm procurado enganar o Mundo. Não !

Eles estão aqui porque nas terras deles morrem de fome e de frio. Porque são uns miseráveis que aqui encontram a tábua de salvação para terem a vida boa e regalada. Um próprio Ministro deles,dos portugueses,disse durante a campanha eleitoral para a presidencia da República, que Portugal era um País pobre.

O "Despacho" que acabamos de transcrever,é a prova e a consumação da vigarice praticada em 22 de Janeiro e 1 de Fevereiro de 1885 por Portugal contra os Povos de Cabinda,que até hoje têm vindo a sofrer os seus efeitos.

Efectivamente,em fins de 1884,surgiu no campo da política internacional uma disputa sobre a posse de Cabinda.

Marcou-se uma conferência em Berlim para regularisar o assunto, conferência onde os principais e únicos interessados,-os Povos de Cabinda-não estiveram presentes. Era no tempo da pirataria,das grandes roubalheiras em que os europeus se empenharam,vencendo aquele que mais roubava,e mais astúcia tinha para roubar.

Os portugueses, como vigaristas experimentados que já eram,viram o golpe e praticaram o roubo da maneira mais limpa e simples.

Mandaram a Cabinda uma corveta denominada "Rainha de Portugal", comandada pelo seu pirata Guilherme Augusto de Brito Capelo. Entre inúmeras promessas conseguiu levar alguns chefes de povos de Cabinda (não todos,porque se formaram dois grupos antagónicos)a aceitarem um tratado pelo qual ficariam ficariam os Povos de Cabinda "sob o protectorado de Portugal",tornando-se "de facto súbditos da Coroa Portuguesa",sendo da sua "inteira,livre e plena vontade que de futuro" entrassem "no domínio da Coroa Portuguesa". Vejam a mistura que propositadamente foi feita, passando os Povos de Cabinda para o PROTECTORADO,SÚBDITOS e DOMÍNIO da Coroa Portuguesa ! Tudo isso ao mesmo tempo, um conjunto de Povos que tinham o seu Rei !!!

Figuraram com uma cruz (+) 1 neto de vice-rei,1 representante do rei,1 filho do rei falecido,16 príncipes governadores e donos de terras, 1 princesa,e teriam figurado com a sua assinatura 1 barão e dois governadores.

Será verdade porém,essa questão das cruzes e assinaturas? As pessoas que compareceram seriam de facto e de direito os representantes dos Povos citados? Não seriam simples pessoas apanhadas no momento,sacristães, ou simples ajudantes das igrejas católicas que tanto têm ajudado os colonialistas nas piores ladroeiras praticadas pelos portugueses em Angola?

Conforme consta do mesmo,este tratado foi "lido e explicado em lingua do país",o que quer dizer que as pessoas não conheciam a lingua em que ele foi feito,portanto não o compreenderam, nem talvez sabiam o que estavam ali a fazer!! E quem estaria apto a fazer naquele tempo a hipotética explicação ?!! Serviu de secretário (o que escreveu o contrato)um aspirante branco da ramada portuguesa, e testemunharam o acto 4 filhos dos principes que assinaram de cruz e os marinheiros brancos da Corveta portuguesa !!! Não havia mais nenhuma pessoa em Cabinda ? Alguém terá dúvida de que isto foi uma autêntica vigarice,um acto de perfeita pirataria disfarçada ?!!

Os portugas (como lhes chamam no Brasil) munidos deste falso documento,chegaram a Berlim, e facilmente conseguiram que os seus antagonistas aceitassem em ser-lhes entregue o território de Cabinda como protectorado e em condições especiais que ficaram escritas.

Estas condições,e aquelas que os incautos homens de Cabinda teriam acordado,se é que acordaram, estão a ser cumpridas pelos portugueses ?

289

Os portugueses, que querem passar por pessoas honestas, cristãs, bondosas, estão cumprindo as obrigações assumidas em Berlim, em 1885, as cláusulas do Tratado de Simlambuco, firmado por esles próprios?

O artigo 1º deste dúbio Tratado diz: "Os príncipes e mais chefes do País e seus sucessores, declaram voluntariamente reconhecer a soberania de Portugal, colocando sob o protectorado desta Nação todos os territórios por eles governados".

Verifica-se por aqui claramente que Cabinda é um PROTECTORADO !

Verifica-se também que o REI ~~[illegible]~~ não tomou parte no Tratado !

Entretanto menciona-se positivamente que o compromisso se estende aos sucessores dos representantes dos Povos de Cabinda !...

Isto é uma verdadeira LADROEIRA ! VIGARICE vergonhosa !

O artigo 2º declara que"Portugal reconhece e confirmará todos os chefes que forem reconhecidos pelos povos, segundo as suas leis e usos, prometendo-lhes auxílio e protecção". Isto tem sido cumprido ?

É em cumprimento disto que Portugal tem transformado em Reis do Congo pessoas do seu gosto e conveniência, até que hoje não existe nenhum, porque o herdeiro legítimo encontra-se no Congo Belga e não apoia as conveniências portuguesas...

No artigo 3º volta a dizer-se que "Portugal obriga-se a fazer manter a integridade dos territórios colocados sob o seu protectorado", e no artigo 9º afirma-se que "Portugal respeitará e fará respeitar os usos e costumes do País".

No artº. 10º os tais prícipes e governadores, de boa-fé, aceitavam ceder a Portugal a "propriedade inteira e completa de porções de terreno, mediante o pagamento dos seus respectivos valores, afim de neles o Governo Português mandar edificar os seus estabelecimentos militares, administrativos ou ~~[illegible]~~particulares".

Todos nós, Africanos, sabemos bem que este tratado não foi cumprido até hoje na mais pequenina palavra.

Portugal vem agindo em Cabinda como tem procedido em toda a Angola e outras colónias de África e Ásia, e tem seguido ali em Cabinda a mesma política de"terra queimada" já conhecida em todas as colónias do mundo.

Os colonos, comerciantes ou autoridades, não têm dúvidas em espancar ou mandar palmatoar qualquer natural de Cabinda, de quem ironicamente são os protectores ! O Povo de Cabinda continua na miséria, no analfabetismo, na escravidão, depois de 74 anos de protectorado ! A vida dos Povos de Cabinda, resume-se em serem pequenos agricultores (como o eram no século passado) serventes dos colonos, tripulantes de navios, isto é, a mesma miséria de todas as colónias portuguesas. Para que tem servido afinal a protecção de Portugal ?

O vizinho Congo Belga criou no seu território 2 universidades frequentadas quasi totalmente quasi totalmente por congoleses, e os filhos de Cabinda, como outros de Angola, é ali que arranjam situações abastadas.

E nos territórios vizinhos do Congo Belga que se encontram, assim como na República do Congo anteriormente francesa, autoridades, funcionários, comerciantes e agricultores negros, muitos de Angola; dentro em breve os do Congo Belga governarão a sua própria terra !

Porque é que os naturais das colónias portuguesas não passam de uma situação miseravel ?

Os Povos de Cabinda, só lutando fortemente e por todos os meios, debatendo a sua situação nas esferas internacionais e chamando à luta todos os seus irmãos poderão atingir uma vida melhor, poderão deixar de ser explorados, poderão alcançar a liberdade legítima, e progredir.

Para os Angolanos, o caso de Cabinda é um exemplo e um grande aviso das intenções com que os portuguesas aqui se encontram, e daquilo que podemos esperar deles, como colonialistas que são.

Portugal, por intermédio do seu Governador Geral Sá Viana Rebelo, com o despacho publicado no Boletim Oficial de Angola nº 5 - 1ª Série-de 4/2/959 desmascara o Ministro Portugues e o representante do Brasil na Curadoria das Nações Unidas, quando ali afirmaram que Portugal não tem colónias ou territórios sob protecção!

Cabinda é PROTECTORADO de portugal por meio de um acordo internacional feito em Berlim, e um Tratado duvidoso feito em Simlambuco em 1 de Fevereiro de 1885 !

Angola é uma colónia de Portugal !! Qualquer pessoa verifica isso.

Povos de Cabinda, Povos de Angola, só temos um caminho para alcançarmos a nossa Independência, a nossa LIBERDADE, o nosso BEM ESTAR, a FELICIDADE DOS NOSSOS FILHOS:

A LUTA PELA LIBERTAÇÃO !! -FORA COM OS COLONIALISTAS DE ÁFRICA !!!

FORA COM OS PIRATAS ! FORA COM OS LADRÕES E TRAFICANTES !!!

ANGOLANO-sejas NEGRO (preto ou mestiço) ou BRANCO PROGRESSISTA- AJUDA A LIBERTAÇÃO DA TUA TERRA !!!

- Movimento para a Independência de Angola -

330

AOS ANGOLANOS

TORRE TOMBO

Povos de África uni-vos !
Nada temos a perder senão as correntes da escravatura !
George Pademore
Conselheiro de Nkrumah para os assuntos Africanos.

A África entrou DECISIVAMENTE no caminho da LIBERTACAO !

Diversos territórios africanos que se encontravam debaixo da exploração dos europeus(roças como a nossa Angola),estão alcançando a sua independência, como Ghana e a Guiné,já totalmente livres, a Nigéria este ano, os Camarões e o Togo cuja independência será proclamada em 1960, quer dizer daqui há 12 meses.

Por outro lado as colónias que formam a África Ocidental e a África Equatorial Francesas, e que são a Mauritânia,Senegal, Tchad,Dahomei,Costa do Marfim,Médio Congo,Gabão,Niger,Sudão etc., e ainda Madagascar, avançaram mais um passo no caminho da auto-determinação e independência.

Devemos pensar o que significa para os Povos Negros a Independência.

Quando dizemos Liberdade e Independência,queremos dizer:- que os destinos daquelas terras são orientados pelos próprios Negros, como em França, na Inglaterra ou em Portugal são orientados pelos próprios brancos!

Nos territórios livres, os Comandantes Militares, os Juizes dos Tribunais,os Comandantes da Polícia,os directores de Serviços Públicos como Fazenda,Saúde,Instrução,Administração Civil, ect.,todos eles são africanos,filhos da terra !!!

Quando dizemos Liberdade e Independência queremos dizer:-que não há mais dificuldades para conseguir um simples bilhete de identidade;os empregos são primeiramente para os negros e não principalmente para os brancos como aqui em Angola,onde chegam aos montes,em todos os vapores, para tomarem os nossos bens e direitos,para usurparem as nossas terras, como sucede e sucedeu na Lunda,Amboim,Congo,no Vale do Bengo,na Cela,no Cunene,melhor dizendo em toda a Angola; lá os professores não terão a preocupação de ensinar só aos alunos brancos,e perseguir os negros,dando a estes notas baixas,chamando-lhes "seus pretos" e outras coisas.

Quando dizemos Liberdade e Independência queremos dizer que os Negros já não serão presos apenas por vontade do polícia branco,ou por acusacões falsas,nem deportados para campos de concentração como os da Baía dos Tigres,Moçâmedes,Dumbo,S.Tomé e outros.

Quando dizemos Liberdade e Independência,queremos dizer que os negros não são excluidos do Governo da sua terra como em Angola!!! Não! Nos territórios independentes, o governo que é para Negros, é constituido por Negros, e as leis são feitas para atender aos interesses dos Negros, e não como em Angola onde os brancos são os únicos beneficiados.

É esta a nossa situação,que todos bem conhecemos,em que hoje estamos na rua mas amanhã podemos estar na cadeia sem saber proquê.

Nesta mudança de vida é que consiste a Independência,Independência que nós temos de conseguir também por dever de Homens para com os nossos filhos e para com a nossa Terra, lutando como lutam os argelinos e outros

Reforcemos portanto a nossa organização,aumentando as nossas possibilidades económicas com o pagamento pontual das nossas quotas para o Movimento da Independência de Angola.

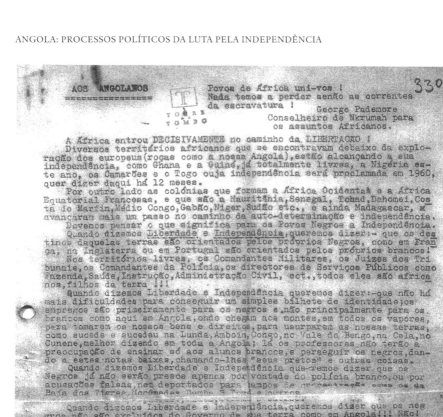

Por pouco que seja,esse dinheiro torna-se muito logo que se junte ao de outros !!!

Faça circular este manifesto pelos seus amigos certos,ainda que ele esteja no interior,porque a nossa luta tem que abranger Angola inteira !

OS NOSSOS INIMIGOS NAO DEVEM LER ESTE PAPEL ! ESTE MANIFESTO E SÓ PARA NÓS !

Intensifiquemos a luta pela nossa Libertação no ano que começa, COM CAUTELA,MAS SEM MEDO ! NÃO TENHAMOS MEDO DE MORRER POR ANGOLA !

NEGRO DE ANGOLA (preto ou mestiço) forma o teu grupo de patriotas com mais 2 ou 3 amigos (nunca aceites grupos grandes)um de vós irá formar outro grupo com mais dois, e assim por deante,até cobrirmos Angola inteira lutando pela liberdade do nosso Povo !

Sigamos o exemplo da nossa Mai Rainha NJINGA !
Honremos a memória do nosso Rei NGOLA KILUANJI !

Lutemos por

LIBERDADE - FRATERNIDADE - PROSPERIDADE

atenção com os traidores !

<u>ULTIMA HORA</u>-SEM LUTA NAO HAVERÁ INDEPENDENCIA!NO CONGO (dito Belga) ACABA DE REBENTAR UMA REVOLTA POQUE OS COLONIALISTAS DA LÁ AJUDADOS POR PORTUGUESES E GREGOS TENTARAM IMPEDIR QUE TODOS OS CONGOLESES SOUBESSEM O QUE SE PASSOU NA CONFERENCIA DE ACCRA E RECLAMASSEM A INDEPENDENCIA TOTAL NA PROMETIDA DECLARAÇÃO DO GOVERNO BELGA DO DIA 13 DESTE MEZ.METRALHADORAS E TANQUES NAO ENTEMIDARAM OS NOSSOS HEROICOS IRMAOSQUE CONTINUAM A ENFRENTALOS!

VIVA A AFRICA! VIVA ANGOLA! VIVA O CONGO!

NENHUM PRESO POLÍTICO DE ANGOLA DEVE SAIR DE ANGOLA!

A insólita e extraordinária atitude do governo português quanto às prisões de elementos africanos de Angola, representa mais uma força da tão apregoada "integração" e pretende mostrar aos olhos dos estrangeiros a razão do ser das atitudes e palavreado de intenção bélica do zelador armamentista Sá Viana Rebelo.

Presos ilegalmente pela odiosa P.I.D.E. sem qualquer culpa formada e sem o direito de cidadãos livres consagrado a qualquer homem pela Carta das Nações Unidas, encontram-se os nossos irmãos africanos encarcerados, demonstrando-se assim o fingimento da constituição política do governo opressor colonialista, cuja realidade diz não passar ela de papel como letra morta.

Os criminosos do governo opressor colonialista português têm toda a má fé de fazer prevalecer as citações dos falsos relatórios, aldrabices engendradas pela P.I.D.E. e que são atribuídas como revelações dos próprios presos.

Não podendo portanto o Povo de Angola ficar indiferente perante tais actos e arbitrariedades a que estão sujeitos todo e qualquer africano, e que ainda vêm agravar mais as péssimas e indignas condições de vida em que vive o Povo negro, torna-se importante que por todos os meios ao nosso alcance se exija do governo opressor salazarista a libertação de todos os presos políticos ilegalmente detidos.

Constando que o governo opressor colonialista tem a intenção de os transferir para as prisões metropolitanas para poderem exercer sobre eles toda a espécie de brutalidades sem nome, sem que o Povo de Angola tenha conhecimento disso e sem levar a que a opinião pública em geral tenha conhecimento de tais processos, torna-se necessário que todos nós pugnemos para quo nenhum preso saia de Angola.

Passamos, por isso, a enumerar alguns factos que levam o governo opressor colonialista a transferir os presos políticos de Angola para a Metrópole e ali efectuar o seu arbitrário e ilegal julgamento.

1) O governo colonialista de Salazar pela sua hipocrisia não ponsa resolver judiciosamente a questão dos presos políticos de Angola porque na matéria criminal não acha elementos suficientes que justifiquem as penas arbitrárias que querem aplicar ferozmente contra os presos;

2) Sabendo o governo português que se procedesse a julgamentos à porta fechada a primeira reprovação seria ditada pelos próprios portugueses residentes em Angola, e talvez alguns se pronunciassem pùblicamente contra essa vergonhosa atitude e desumanidade;

3) As entidades consulares fixadas em Angola não dariam apoio a tais julgamentos, o que seria caricato perante os seus próprios aliados;

4) Quererem os colonialistas ocultar o mais possível tais arbitrariedades para que o caso não seja do domínio público nem atravesse fronteiras;

5) O governo colonialista salazarista sabe de antemão que caso esses arbitrários julgamentos fossem efectuados em Angola, o alarme seria tão grande fora e dentro do país, que abalava sèriamente a política da apregoada "integração" que os colonialistas pretendem manter a todo o custo;

6) Com a transferência dos presos políticos para a Metrópole, o governo português tem a intenção de anular o contacto e dificultar a defesa dos presos mesmo por vias legais;

7) O governo tirano salazarista desafoga-se melhor da responsabilidade dessas vida s humanas no caso de se exigir esclarecimentos quanto ao paradeiro dos presos, porque bastará responder que estão cumprindo pena quando já estiverem, de facto, mortos.

O MOVIMENTO DE LIBERTAÇÃO NACIONAL DE ANGOLA pronuncia-se terminantemente no sentido de os presos políticos de Angola não sairem de Angola, seja para o que for, porque essa resolução ocasional do governo português tem um fundo malicioso para abafar a questão, esconder os crimes de torturas para arrancar "confissões" e fazer

ANEXO 40

ABCº. 26/7/960 S.R

PROSSEGUIU HOJE

O JULGAMENTO NO TRIBUNAL MILITAR

167

Prosseguiram esta manhã, no Tribunal Militar de Luanda, as audiências do julgamento dos srs. eng.º Calazans Duarte, J. Meireles, arq.º Veloso, Manuel Santos Júnior, Contreiras da Costa, dr.ª D. Maria Julieta Gândara e Helder Neto, acusados de terem atentado contra a segurança externa do Estado.

Na audiência de ontem, a que fizemos sumária referência na edição anterior, esteve presente numeroso público. Depois de lido o libelo acusatório, o sr. dr. Eugénio Ferreira — advogado dos réus J. Meireles e arq.º Veloso — ditou para a acta um requerimento, alegando não ter sido cumprida determinada formalidade do Código Militar de Justiça.

Usou da palavra, em seguida, o sr. dr. Almeida Valadas, para afirmar que o conhecido causídico Manuel João da Palma Carlos fora impedido de se deslocar, em virtude do que pedia o adiamento da audiência até que o referido causídico pudesse comparecer.

O mesmo advogado — dr. Almeida Valadas — pôs seguidamente, como questão prévia, o problema apresentado anteriormente pelo sr. dr. Eugénio Ferreira.

Na réplica, o promotor de Justiça pediu para ser indeferido o requerimento do sr. dr. Eugénio Ferreira, pois, segundo disse, o processo transitara para o Tribunal Militar depois de instruído no foro civil, após o que se seguiram as normas prescritas pelo Código de Justiça Militar.

Quanto ao requerimento do sr. dr. Almeida Valadas (que havia sido apoiado pelos patronos dos restantes réus), pedia igualmente o seu indeferimento.

A sessão foi suspensa, a fim da mesa do Tribunal deliberar. No re- ... o sr. juiz-presidente inde-

editados, embora não rejeite a responsabilidade que lhe possa ser assacada pelo seu teor. Disse, ainda, ter convidado para a distribuição desses panfletos o réu Helder Neto e o declarante José Graça, afirmando porém não lhes ter dado conhecimento dos textos.

Quando o sr. eng.º Calazans terminou a sua exposição o promotor de justiça, sr. cap. Lucindo Lopes, protestou contra a circunstância do réu ter referido problemas e assuntos que não dizem respeito directamente à causa.

Replicou o sr. dr. Eugénio Ferreira, que elogiou o Tribunal pela liberdade que consentira ao réu, que não contende com o Código de Justiça.

O sr. juiz-auditor interveio, dizendo que ao Tribunal interessava conhecer profundamente as pessoas que ia julgar, dando-lhes possibilidade de se revelarem completamente. Daí a liberdade que fora consentida ao sr. eng.º Calazans Duarte. Frizou que o promotor de justiça não interrompera a exposição do seu antes desta terminar e que o seu protesto havia sido feito dentro das suas funções.

A audiência foi suspensa, seguidamente, por 10 minutos.

Reaberta a audiência, o sr. arq. Veloso foi chamado a depor, justificando as actividades que o incriminaram sensivelmente nos mesmos termos do sr. eng.º Calazans Duarte.

Os trabalhos foram interrompidos à hora do almoço, e prosseguem à hora do nosso Jornal entrar na máquina, com a audição dos restantes réus.

reira, [illegible]
pridas todas as formalidades do Código que respeita à justiça do Tribunal; igualmente foi indeferido o requerimento do sr. dr. Almeida Valadas, referente à ausência do dr. Palma Carlos e consequente adiamento da audiência, em virtude dos réus terem assegurada a sua defesa por advogados.

Então, em nome dos seus colegas, o sr. dr. Almeida Valadas pediu a suspensão da audiência por alguns minutos, a fim de poderem ouvir os seus constituintes sobre a linha de conduta a seguir. O sr. juiz-presidente autorizou a suspensão, marcando a continuação do julgamento para esta manhã, em que o Tribunal voltou a reunir com a mesma formação de ontem:

Juiz-presidente: sr. ten.-cor. Isidro Nogueira; juiz-auditor: sr. dr. Norberto de Andrade; vogal: major Póvoas Janeiro.

Aberta a audiência, o sr. dr. Eugénio Ferreira, em nome dos seus constituintes, anunciou recorrer da douta decisão do Tribunal, proferida no final da audiência anterior, para o Supremo Tribunal Militar, no que foi imediatamente secundado pelos patronos dos outros réus. O sr. juiz-presidente disse que o Tribunal admitia os recursos interpostos, nos termos do art.º 528 do Código de Justiça Militar.

O sr. dr. Almeida Valadas pediu, em seguida, que fosse dispensada a testemunha sr. Domingos Balsa, do réu Manuel dos Santos Júnior, por motivo da sua breve deslocação à Metrópole.

A sala foi depois evacuada por todas as testemunhas, declarantes e réus, excepto pelo sr. eng.º Calazans Duarte, a quem o juiz auditor perguntou se tinha alguma coisa a declarar que pudesse servir para a sua defesa, garantindo-lhe inteira liberdade de expressão.

O réu pediu licença para consultar alguns documentos que levava consigo iniciando uma exposição minuciosa sobre a situação social e económica de Angola. Negou ter pertencido a uma organização secreta e ilegal com o nome de Movimento de Libertação Nacional de Angola, que fora a designação escolhida para assinar determinados panfletos que ele e os seus co-réus haviam editado e distribuído. Negou ter tido conhecimento prévio de alguns panfletos

ANEXO 42

S. R.

...ERNACIONAL
DE ... DO ESTADO
DE... EM ANGOLA
137/61-S.R.
CONFIDENCIAL
... na resposta se indiquem ... data deste ofício.

Exmº. Senhor
Director-Geral da Policia Internacional
e de Defesa do Estado

LISBOA

Polícia Internacional e de Defesa do Estado
DIVISÃO DE INVESTIGAÇÃO
ENTRADA Nº 8
Rec.do em 27/1/1961

757
26 1 61

Junto tenho a honra de enviar a V. Exª. fotocópia do acordão proferido pelo Tribunal Militar Territorial de Luanda relativamente aos réus do processo crime nº 22/59 instaurado nesta Delegação.

Foram proferidas as condenações seguintes:

1º-ANTÓNIO PEDRO BENGE -10 anos de prisão maior
2º-AGOSTINHO ANDRÉ MENDES DE CARVALHO -10 anos de prisão maior
3º-FERNANDO PASCOAL DA COSTA -9 anos de prisão maior
4º-JOAQUIM DE FIGUEIREDO - 8 anos de prisão maior
5º-NOBRE FERREIRA PEREIRA DIAS -7 anos de prisão maior
6º-GARCIA LOURENÇO VAZ CONTREIRAS -7 anos de prião maior
7º-ARMANDO FERREIRA DA CONCEIÇÃO JÚNIOR -7 anos de prisão maior
8º-NOÉ DA SILVA SAÚDE- 6 anos de prisão maior
9º-BELARMINO SABUGOSA VAN DUNEN -5 anos de prisão maior
10º-ANDRÉ RODRIGUES MINGAS JÚNIOR-5 anos de prisão maior
11º-PASCOAL GOMES DE CARVALHO JÚNIOR-5 anos de prisão maior
12º-SEBASTIÃO GASPAR DOMINGOS- 4 anos de prisão maior
13º-JOÃO LOPES TEIXEIRA - 4 anos de prisão maior
14º-FLORÊNCIO GAMALIEL GASPAR-4 anos de prisão maior
15º-JOSÉ DIOGO VENTURA -4 anos de prisão maior
16ºADÃO DOMINGOS MARTINS- 4 anos de prisão maior
17º-MANUEL BERNARDO DE SOUSA-4 anos de prisão maior
18º-JOÃO FIALHO DA COSTA- 3 anos e 6 meses de prisão maior
19º-MANUEL BAPTISTA DE SOUSA-3 anos e 6 meses de prisão maior
20º-JOSÉ MANUEL LISBOA- 3 anos de prisão maior

A todos os réus foi ainda aplicada a pena de 15 anos de perda de direitos políticos e medidas de segurança e internamento de 6 meses a três anos prorrogáveis

.../...

A INTERNACIONAL
DEFESA DO ESTADO

DELEGAÇÃO EM ANGOLA

S. R.

N.º ....

...-se que na resposta se indiquem ...meros e data deste ofício.

-2-

.../...

Quanto às condenações proferidas no primeiro julgamento (RR: ANTÓNIO ALEXANDRE DE CALAZANS DUARTE, MARIA JULIETA GUIMARÃES GANDRA, ANTÓNIO GUILHERME DE MATOS VELOSO, JOSÉ LUCIANO CORTE REAL VIEIRA MEIRELES, MANUEL DOS SANTOS JÚNIOR, ANTÓNIO JOSÉ CONTREIRAS DA COSTA e HELDER GUILHERME FERREIRA NETO) o público aceitou-as por demasiado benévolas. Quanto a estas, incomparàvelmente mais pesadas, o público discorda apenas pelo facto de o Tribunal não ter levado em conta o comportamento que alguns dos réus (BELARMINO SABUGOSA VAN DUNEN, JOÃO FIALHO DA COSTA, JOSÉ DIOGO VENTURA, JOSÉ MANUEL LISBOA e MANUEL BAPTISTA DE SOUSA) tiveram durante as audiências do julgamento apresentando-se arrependidos e com contestações que se não afastam dos factos por que eram acusados e sem quaisquer especulações de ordem política, enquanto que outros (NOÉ DA SILVA SAÚDE, ANTÓNIO PEDRO BENGE, FERNANDO PASCOAL DA COSTA, SEBASTIÃO GASPAR DOMINGOS, JOAQUIM DE FIGUEIREDO, ARMANDO FERREIRA DA CONCEIÇÃO JÚNIOR, NOBRE FERREIRA PEREIRA DIAS, FLORÊNCIO GAMALIEL GASPAR, JOÃO LOPES TEIXEIRA, PASCOAL GOMES DE CARVALHO JÚNIOR, MANUEL BERNARDO DE SOUSA, AGOSTINHO ANDRÉ MENDES DE CARVALHO, ANDRÉ RODRIGUES MINGAS JÚNIOR, GARCI.. LOURENÇO VAZ CONTREIRAS e ADÃO DOMINGOS MARTINS) quer pelas contestações escritas como pelas suas declarações verbais provocaram verdadeiros comícios de apologia à "independência de Angola", nas condições que tive a honra de informar V. Exª. pelo meu ofício confidencial nº 1510/60-S.R.

Foi interposto recurso para o Supremo Tribunal Militar, onde presentemente se encontra o Processo.

A Bem da Nação

.../...

Mod. 1/122-B

DOCUMENTOS

ANEXO 1
Distribuição de panfletos em Luanda 10-1-1959

ANEXO 2
Informação da Pide sobre a organização da UPA – 24 de Janeiro de 1959

ANEXO 3
Auto de Busca e Apreensão – 29-3-1959

ANEXO 4
Conferência de Accra

ANEXO 5
Querela definitiva no 1º Processo

ANEXO 6
Alegações de recurso

ANEXO 7
Relatório para a Conferência de Accra

ANEXO 8
Exposição dos habitantes de Luanda

ANEXO 9
Audiência de julgamento do 1º Processo no Tribunal Militar

ANEXO 10
Relatório do julgamento feito pelo agente da Pide Polónio Queiroz

ANEXO 11
Contestação de Fernando Pascoal da Costa e outros

ANEXO 12
Contestação de Florêncio Gamaliel Gaspar

ANEXO 13
Ofício de 9-12 -1960 da Pide em Luanda para a direção em Lisboa

ANEXO 14
Relatório do agente da Pide Polónio Queiroz sobre a audiência de julgamento de 20-12 1960

ANEXO 15
Panfleto "Houve julgamento em Luanda?" – 23-12-1960

ANEXO 16
Industrialização de Angola

ANEXOS 17, 18, 19, 20, 21, 22, 23 e 24
Panfletos apreendidos no 2º Processo

ANEXO 25
Despacho de pronúncia no 2º Processo

ANEXOS 26 e 27
Requerimento de Ilídio Machado e outros e despacho de indeferimento

ANEXOS 28, 29, 30, 31, 32, 33 e 34
Protesto da Sociedade Cultural de Angola

ANEXO 35
Despacho de pronúncia no 3º Processo

ANEXO 36
Notícia do Jornal Província de Angola sobre os despachos de pronúncia da 1ª e 3ª Varas da Comarca de Luanda por actividades subversivas – 21 de Dezembro de 1959

NEXO 37
Notícia do Jornal ABC sobre a remessa dos processos ao Tribunal Militar Territorial – 23-1-1960

ANEXO 38
Escuta da Pide à Rádio Brazzaville que noticia o julgamento no Tribunal Militar – 2-7-1960

ANEXO 39
Notícia do Jornal ABC sobre o prosseguimento do julgamento do 3º Processo – 26-7-1960

ANEXO 40
Relatório da Pide sobre o decorrer do julgamento do 3º Processo

ANEXO 41
Ofício dirigido ao director da Pide em Lisboa informando sobre os julgamentos do 1º e 3º Processos – 27-1-1961

ANEXO 42
Reclamação de Maria Julieta Gandra e outros

ANEXO 43
Decreto nº 23 241

ANEXO 44
Residência fixa para o clero católico angolano

ANEXOS 45 e 46
Presos do campo de concentração do Missombo e encerramento do campo de concentração do Missombo

ANEXO 47
Relação de presos do campo de concentração de S. Nicolau

ANEXOS 48 e 49
Prisão de 495 mulheres no campo de concentração de S. Nicolau

ANEXO 50

Deportação de Eduardo Jonatão Chingunji e outros para o campo de concentração do Tarrafal

ANEXO 51

Deportação de Alberto Correia Neto e outros para o campo de concentração do Tarrafal

ÍNDICE